# 漂流少女

——夜の街に居場所を求めて——

橘ジュン

太郎次郎社エディタス

# まえがき

新宿や渋谷の繁華街を歩き、気になる女の子を見かけると、声をかけ、話を聞かせてもらう。そんな〝夜の声かけ取材〟を週末ごとに続けている。私が話を聞く少女たちは、援助交際やリストカット、OD《オーバードーズ》（薬物過剰摂取）などといった、広い意味での〝自傷行為〟をくり返している子が多い。

女の子たちから話を聞くようになったのは、私が十八歳のころだ。あれから二十一年、これまでに話を聞かせてもらった少女の数は、トータルで三千人を超えるだろう。最近では、少女たちから連絡をもらって話を聞いたり、メールで相談を受けたりすることも多いが、私の活動の原点は、やはり〝夜の声かけ取材〟だと思っている。

私自身、十代のころは、大人や社会に対する不信感がとてもつよかった。そんな私だから、街の子たちが心を開いて自分のことを話してくれるのかもしれないし、私も彼女たちを、自分の分身のように感じている。彼女たちから話を聞くことで、私自身が救われている部分も大きい。

少女たちの声を伝えるために、自分の媒体をもちたいと思い、フリーペーパー『キミの声を伝える――VOICES《ボイス》マガジン』（以下、略して『VOICES』）を立ち上げたのは、二〇〇五年のことだ。私が声を聞き、カメラマンである夫のケンが写真を撮るかたちで始まった。

最近ではさらに活動が広がり、昨年設立したNPO法人「bond《ボンド》プロジェクト」では、少女たちの居場所づくりや自立支援等、いろんな活動に取り組んでいるが、私の原点である〝声かけ取材〟は、これからもずっと続けていきたいと思っている。

漂流する少女たち――。大人たちにうかがいしれない部分で、孤独に陥ったり、周囲の期待に押しつぶされそうになったり、自分というものを見失ったりしている彼女たち。自分の居場所や価値観を見つけられずに彷徨《さまよ》う、その姿は、かつての私自身でもある。

リアルな声を聞きながら「この子たちから、学ばなくてはいけない」ということを、私はいつも感じている。

二〇一〇年六月　橘《たちばな》　ジュン

目次

# 〈1章〉街に立つ

# 〈2章〉自分に罰を

## 〈3章〉夜の彷徨

＊＊＊

＊本文に登場する少女たちは、すべて仮名です。また、地名などを一部変更しています。
本書で使用している写真は、著者の橘ジュン本人をのぞき、登場する人物とは関係ありません。

# 〈1章〉街に立つ

# 歌舞伎の子——ヒカリ

## ——「素顔？　べつに見せる必要ないっしょ」

「あたしは生きてるダッチワイフだからね」

フフンと鼻をならし、ヒカリがつぶやいた。その言葉からは同情もなにもいらないという、強い意志が感じられる。でも瞳の奥には、愛情が欲しいのに得ることができない悲しみがあふれているようにも感じる。

このような瞳を私は何度見ただろう。

「居場所が欲しいんだよ」って訴えているような瞳。彼女たちのあの〝瞳〟を見るたび、私はかける言葉が見つからず、でもその言葉を見つけたいから出会いを求めているんだと自分自身に言い聞かせ、連絡先を聞いてしまう。

「また会いにくるね、話を聞きたいから連絡先教えてよ」と言うと、彼女たちは面倒くさそうに「仕方ないな……」という態度で連絡先を教えてくれる。携帯アドレスを赤外線で送信してもらい、私のそれをまた送信して、その場でアドレスを交換する。

新宿歌舞伎町《かぶきちょう》にあるHというビル付近の街角では、毎夜、あてどなく立っている女性の姿が見られる。私がこれまで話しかけた女性たちの年齢は十八歳から三十九歳。服装もさまざまだ。ミニスカートにサンダル姿で肌を露出《ろしゅつ》している人もいれば、ジーンズにスニーカーで、手には買いもの袋を持っている人もいる。

初めて見たときは、それぞれにだれかと待ち合わせをしているのかと思っていた。でも何度かその場所を訪れて、立っている女性やまわりをうろついている男性に話を聞くうちに、彼女たちは街角に立ち、話しかけてくる男性たちに値段を交渉し、成立したらカラダを売っているということを知ったのだ。

二十歳のヒカリもその一人。夜八時過ぎ、シャッターが下ろされたお店の前のタイル張りの床に座り込んでいた。ヒカリ一人がやっと座れる場所で、居心地よさそうに投げだされた足の前には黒い大きな肩かけカバンが無造作に置いてあった。置いているというよりは、放りだしている感じだ。

カバンの中身が気になり、お願いして見せてもらった。化粧品・香水・コンタクト・

ブラシ・ネイルチップ・アクセサリー・鍵・ヘアスプレー・携帯充電器・サングラス・コンドーム三個。今日は部屋に帰るつもりだけど、家出するならそれに加えて髪用のコテと通帳が必要らしい。

おしりが痛くなってきたのか、立ちあがってすこし伸びをしてから、また路上に座り込み、カバンの中から化粧品の入ったポーチをだして化粧を始めた。化粧をする姿をじっと見ていた私を見上げ、「見てると思ったよ。だいたい黙ったときはあたしのことを見てるよね、アハハ」と、大きな口を開けて笑う。

ヒカリは唇の赤みが気持ち悪いからと、コンシーラー（ファンデーションの一種）をリップとして使っていた。だから唇は肌色。まぶたには二重のつけまつ毛をつけている。私とヒカリの化粧方法があまりにもちがうので、不思議になって見つめてしまった。

「化粧するのにどれくらい、時間かかるの？」

「えっ、二時間くらいじゃん？」

「これじゃ素顔がわかんないね」

「べつに見せる必要ないっしょ」

ヒカリが笑う。笑う顔を見ながら、またあの瞳だと思った。

重たい扉に閉ざされて、光の放てない瞳。笑っているのに寂しそうで、あきらめにも近い顔。まだ二十歳なのに、世の中の酸《す》いも甘いも知りつくしたような表情を見せるヒカリは「突っ張ってなきゃ生きてらんないよ」とでも言いたげに、煙草に火をつけ息を大きく吸い込んだ。

**――「ここらへんに来るのは、寂しいかわいそうな人じゃん」**

ヒカリが援助交際を初めてしたのは、小学六年のときだ。池袋の街を一人で歩いていたら、父親より年上の男性に話しかけられた。

「ヒマならおじさんと遊ぼうよ。僕についてきて」

なにもすることのなかったヒカリは、男性の言葉どおりにあとをついていくと、行き先はラブホテルだった。

「まぁ最初はビックリしたよね。『えっ？　なになに？？？』って感じ。でも小四のときに初体験でヤッてたし、おじさんはあたしとエッチがしたくて誘ったんだなってピンときたよ。抵抗？　べつにしなかった。気持ち悪いなって思ったけど、べつにいいやって。四万円もらって、『いいバイトになる、ラッキー』って思ったよ。寂しかったからとかじゃないよ。寂しかったのは小三までだね」

その日から毎日のように援助交際をするようになり、中学一年の終わりごろには、相手にした数は千人を超え、貯金も一千万円になっていたという。

ヒカリと路上で話していると、男が話しかけてきた。

「なにしてるの？」「座ってる」

「遊べる？」「さぁ、どうでしょう」

はぐらかすようにしながらヒカリは交渉を進めていく。

「いくら？」「どのくらいだせるの？」

「自分がだせるのは一万五千円」

「無理。二とか、三とかじゃないと無理。で、（ホテル代）別だよ」

「わかった、いいよ」「じゃ、いくよ」

こうやって私の目の前で交渉が成立し、客と消えていったこともあった。

「自分のカラダを売るわけだから、安かったら行かないよ。二万くれなきゃ行かないね。行くときはお金と気分次第。気分的にもそうとうヒマなとき。あっ、オタクは無理。気持ち悪い。あとはそうとう気持ち悪くなきゃ『ま、いいか』って感じ。怖くないのかっ

て？　ぜんぜん、怖くないよ。初めてのときも怖くなんてなかったし。声をかけてくれるのは、リーマン（サラリーマン）ばっかだしね」

これまでヒカリに声をかけてきた男性の年齢は、二十歳から七十八歳。七十八歳を相手したときは「寂しい人間なんだな」と思い、若い人に対しては「どんだけ女に困ってんだよ、かわいそうに……と同情してる」、と言った。

「ヤッた相手の顔を覚えてるよ。目を見て話すから覚えている。寂しいかわいそうな人は目を見てあげないとね。ここらへんに来る人は、だれにも相手にされないかわいそうな人じゃん。だから自分は介護してると思ってるんだ。まっ、一種のボランティア。で、ヒマつぶしかな」

ヒカリは池袋で一人暮らしをしている。実家には月に一～二回、ヒマになったら顔をだしに帰り、最近のことを話したりして、「元気か？」とか聞かれたら「元気だよ」と答えているという。両親はヒカリの援助交際を知らない。疑われてもいない。

## ――「生きるって面倒くせぇ」

私はヒカリにちょっぴり意地悪な質問をしてみた。

「親に知られて援交を『やめて』って言われたら、どうする?」

「『なんで?』って聞くよ」

「『悲しいからやめてほしい』って言われたら?」

「『なんで?』って聞くね。いろいろ考えるのは面倒だし、援交してることは言わないよ」


援助交際することに不安はないし、ごくたまには怖いこともあるけど、怖いからやめようとは思わないと言いきるヒカリ。


だがいままでに一度だけ、やめようと思ったことがあると言う。「それはなんで?」と聞くと、うつむいたままポツリとヒカリがつぶやいた。

「彼氏にバレて大泣きされたから。男が泣くのは好きじゃないんだ……。泣くくらいならやめようかなって思っただけ。でも別れたからまたやったけどね」


ヒカリが援助交際をする理由を聞いてみる。同じ質問のくり返しになるが、会うたびに聞いている。ヒカリ自身が気がついていないことに気づくかもしれないからだ。

「ヒマだし、やることがないからじゃん。風俗店で働くよりも一人で援交してるほうがラクだしさ。流されてるわけじゃないよ。おもむくままに生きてるだけ。流されたら後悔するから、自分が思った道しか行かないようにしてる。

ボーっとしてる無駄な時間とか、考えてたりするのがイヤだから、ヒマになるとここに来るんだよ」

ヒマだから援助交際をする。じゃ、ヒマじゃなかったらやらないんだろうか。私の心がかすかな光を感じる。

「じゃ、ほかにやりたいことが見つかればいいんだ?」「まぁね」

「そっか、そっか」と、明るい気分になり、ヒカリに微笑《ほほえ》みかける私。だが、ヒカリがつぎの言葉を口にした瞬間、絶望的な気分になった。それはヒカリがよく口にする言葉。その言葉を耳にするたび、胸がチクチク痛みだす。

「あーっ!! 生きるって面倒くせぇ。長生きなんてしたくねぇ。三十五歳までに死にたいね。長生きしたって得なことないしさ、ただババァになってくだけじゃん。商売もできないし、生きるのがよけいに面倒くさそう。三十五歳を過ぎて楽しそうに生きてる人なんて見たことないよ」

本音なんだと思う。彼女のまわりにいる大人は、カラダ目当てでヒカリに近づく人ばかり。そういう大人たちしか知らないヒカリが、未来に絶望的になったとしても不思議ではない。

ヒカリは〝いま〟をどう感じているのだろうか。

「どうでもいいし、面倒くさい。楽しくはない。未来は考えていない。いまがあればいいでしょ。小四のときから、そう思ってたよ。

やりたいことがない。人はどちらかというと嫌い。ホッとするときがない。楽しいときはお酒飲んでいるとき。五分で十杯は空けるよ」と笑う。

## ――〝援交していないヒカリ〟と時間を重ねたい

ヒカリと会って数回目のとき。「帰るね」って言うとヒカリが一瞬、寂しそうな顔をした。笑ってたけど、笑ってなかった。

「かったるいし、今日は仕事もうやめるわ」って言いながら私のそばにきた。そのあと私は人と会う約束があったのになかなか言いだせず、駅に向かってヒカリといっしょに歩いていた。私の乗る電車とは反対方向だったけど、別れづらくてヒカリの歩く方向についていった。

「帰っても彼氏いないし、一人で部屋にいるのイヤだからさ、ヒマだし二丁目に飲みにいこうかな」

バカみたいに私は「そうなんだ。そっかー」って、くり返していた。たぶんだけど、ヒカリは私といっしょにいたかったのかもしれない。一人が嫌いでヒマな時間が嫌いなヒカリ。

「私になにができる?」と、自問自答する。

援交していないヒカリとの時間をたくさんつくって、たくさん話をすること。これしかないんじゃないかって、思った。

援助交際が悪いことだと知っているヒカリ。私もそれをわかっていて、ヒカリに会いにいっている。一度、ヒカリが頭のはげた中年男性とホテルに入っていくのを見たとき、ショックでその場からしばらく動けなかった。ヒカリが援助交際をしているとわかっているのに、すごく嫌な気分になった。私はそのとき、ヒカリのことが好きなんだって気づいた。やめてほしいって思ってることにも、気がついてしまった。

ヒカリが援助交際をやめるときは、どんなときなのだろうか。

「飽きたときだね。ある日突然、歌舞伎に来なくなるって感じかもね(笑)」

ヒカリが援助交際をやめる日がくるまで、私の思っていることは心のなかにしまって

HUMAX
www.humax.co.jp
バグース
BAGUS
ビリヤード&ダーツ
ゴルフ バグース
ゲームゲーム
CINE CITY CAFE

おこうって思った。その日がくるまで、ヒカリとの時間をつくって、たくさん話をして、物語を重ねていきたい。

邪魔だとわかっているけど、ヒカリに会いに、話しにいこう。

無邪気な笑顔が見たいから……。素顔のヒカリが見たいから……。

明日も会いにいこう。

# 少女を求める男たち

## ――「ここなら生きられる」と思う少女たち

「おねぇさん、おじさんと寝たことある？」

ドキッとした。どうしよう、なんて言おう。私は彼女の顔を見つめながら、適当にごまかしちゃったほうがいいのか悩んでいた。正直に言ったら、あいだに線を引かれちゃうかもしれないけど、でもちゃんと話そうと思った。

「ううん、ないよ」

「ふぅーん。お金もらっても気持ち悪いもんね。おじさんとヤルなんて……」

ある秋の夜、歌舞伎町コマ劇場前の広場で、約一か月前に富山県内から家出同然で出てきた十九歳の女の子と出会った。上下つけまつ毛にマスカラを濃くつけている。ポッチャリ体型で、ミニスカートにブーツを履《は》いていた。

おばあちゃんからもらった一万五千円だけ持ち、新幹線などを乗り継いで新宿歌舞伎町に来たという。東京に知り合いはいない。仕事や住む家もない。「そんな状態でこっちに出てきて、怖くなかったの？」と聞くと、「ぜんぜん平気。家にいるより楽しいよ」と、静かに笑った。

お金が必要になると、風俗店に一日だけ体験入店してみたり、声をかけてきた男性と仲良くなってホテルに泊まり、カラダの関係をもってお金をもらったり、街で知り合いになった人の家に泊まったりして、毎日を過ごしているようだった。

行くあてもなければ、仕事も、住む家も、知り合いも、お金もない。それでも東京に、いや新宿歌舞伎町に来ればなんとかなるはずだと思って家出をしてきた女の子たちと出会って、何十人と話を聞いてきた。

なぜだろう。なぜ歌舞伎町ならなんとか生きられるって思うんだろうか。彼女たちは「歌舞伎のことは家出するまえから噂《うわさ》を知ってた」と口にする。噂とは、たぶん援交目的で徘徊《はいかい》している男たちの存在のことだろう。歌舞伎にいれば、男に声をかけられ、応じればお金をもらえる。ただし、カラダと引き換えに。

「エッチするのはイヤだけど、お腹すいたし、眠いし、お風呂入りたいし、寒いから、そのためにも目をつぶって我慢する」

それは彼女たちの本音だと思う。エッチがしたくてするわけじゃなく、今日一日を過ごすために仕方なく援交をするのだろう。彼女たちの若さとカラダが欲しい男たちは、それを手に入れるため、性欲を満たすために、見合った対価を女の子に支払う。この街から〝援交〟という名の買春がなくならない理由が、なんとなくだけどわかった気がした。

## ――〝常連〟キタさんが歌舞伎町にハマるまで

いっぽうで、彼女たちを買う男たちは、どんなことを考えているのだろう。

さっき話したヒカリが、援交相手の客として親しくなったという三十四歳の会社員〝北さん〟を紹介してくれて、私も話すようになった。

北さんは仕事帰り、週に四〜六日は歌舞伎に来て、夜の街を徘徊していると言う。最初は街に立つ若い女の子をお金で買ってエッチするために。でも時が経つにつれ、援交目的だけではなく、女の子たちと話したり、だれかと関わりあったりしたいという気持ちもでてきた。そんな北さんについて女の子たちは、「客だけど知り合いという間柄。

ホテルで過ごすより路上で女の子たちと過ごす時間が増えている」と教えてくれた。

「歌舞伎の子は一日立って消えちゃう子もいるから、新しいカワイイ子いないかなと、うろうろしてるんだ。毎日来るのは、今日買わなきゃ明日はいない子も多いからね。ここに二年いる子は古株だよ」と、北さんは話す。

北さんは二十六歳のとき、初めて風俗店に行って、いままで抱いていた貞操観念が崩れたという。

「金さえだせば女はなんとかなる」

二年くらい風俗に通いつづけたらお金がなくなってしまった北さんに、会社の友人が出会い系サイト遊びを教えてくれた。

「携帯ってすごいよね。だって、サラリーマンが高校生と知り合えるんだからさ。携帯がなければ、高校生の女の子と会うことはなかったよね」

酒もギャンブルもやらない北さんは、この街に来ることが趣味になっていて、街の女の子や買春目的で街にやってくる男性情報に、とにかく詳しい。こんな北さんも、〝エース〟と呼ばれる一番人気の女の子に声をかける勇気がでるまで半年かかったという。

「女の子の立つ場所にもランクがあるんだ。自販機のある明るいところに座れる子は

109

〝エース〟で、ルックスに自信のある子。〝サイハテの地〟と呼ばれているのが交番の裏。すれちがったとき、うつむいている子は行き場がない子、まっすぐ前を向いて歩いてるのは目的のある子だから、うつむいている子に声をかけるんだよ。この界隈《かいわい》に立つ子は、なにもかも面倒くさがる子とか、ちょっと病んでる女の子が多いかな。

声かけて交渉成立したら、ホテルに行く。ホテルで過ごす時間は三十分から一時間くらいかな。お金は一万五千〜二万円くらいが相場だね。

『ここのほうが店より客を選べるし、サービスはしなくていいし、実入りも多い』って、女の子からよく聞くよ。若くて可愛ければ客はつくし、寝っころがってるだけで二万入るんだからラクだと思うよ」

そうなんだろうか。男と女の意識のちがいなんだろうか。それともお金を払う側、もらう側の意識のちがいなんだろうか。〝寝っころがってるだけで〟という表現。感情をもたない人形を指しているように聞こえる。私にはそんなふうには当然、考えられない。寝っころがってるだけのように見える女の子の気持ちが知りたいし、それと同時に、街の女の子を求める男性の気持ちも知りたいと思った。

「ここだったら女の子と話せるんだよね。うまく言えないけど、自分と同じ空気をもつ子たちなんだと思うよ。でも男同士は話さないんだ。レンタルビデオ屋のアダルトコーナーと同じ雰囲気でさ、バツが悪いから。街ですれちがう女の子たちを品定めするようにガン見（不遠慮に直視）しちゃったりする、コミュニケーションの苦手な男どもだからさ」

そんな〝コミュニケーションの苦手な男たち〟を相手に、女の子たちは危険な目に遭《あ》ったりしないんだろうか。女の子たちは「街よりサイトのほうが危険。お金を払わない奴もいるし、車で連れていかれちゃったら逃げられないから」と言う。

## ――援交相手の家に居候しはじめたヒカリ

最初、北さんはただの客だった。だが、ヒカリが北さんの一人暮らしするアパートに一週間くらい居候《いそうろう》していたこともあるという。

北さんが「部屋が汚い」って話をしていたら、ヒカリが「掃除してやるよ」と遊びにきたが、三日目には部屋がまえより汚くなった。路上生活の習慣のあるヒカリは、食べたものをその場で捨てていて、悲惨なことになっていた。

「自分ちではそういうことしないけどねー」と、悪びれるふうでもなく笑うヒカリ。いっぽう北さんは「ヒカリはフードジャンキーなのかな。味覚障害なのか、せっかくつくったご飯に塩をたっぷりかけられたり。でもヒカリはあやしいところはなかったので、カギを初日から渡したよ」などと話す。

北さんのアパートにヒカリが居候？　二人の関係が、私にはよくわからなかった。ヒカリは彼に、心を開いているのか。どんな気持ちで彼の家に行くのか。客とはちがう親近感があったのか。

ヒカリが援交をやめるきっかけになるんじゃないか、という希望をかすかに抱きながら会話を聞いていたが、北さんのつぎの言葉で怒りにも似た気持ちがわいた。

「最近、ヤラせてくれないんだもん、ヒカリ」

「こいつさ、あたしが寝てるときに手をだしてくるんだよ」

そのときヒカリはキレて、夜中にアパートを飛びだしたという。その後「もうさわらないから」と北さんに約束させて、ヒカリは戻った。

私の頭のなかは混乱していた。好きになって手をだそうとしたの？　特別な感情があるの？　それとも、ただヤリたくなったから……？

ヒカリに北さんをどう思っているのか、聞いてみた。「友達？　じゃないよ。たんなるお客さん」と、ヒカリはそっけなく答えた。北さんは「路上に立ってる子の一人だよ、でもほかにウチにくる子はいないんだよね。不思議と」。

カラダはお金を払わなきゃ許さない。気は許しても、心は許さない。ヒカリにとって、北さんは〝馴染《なじ》みの客〟というポジションなんだろう。

## ――心の声に耳を傾けてほしくて

路上に立つヒカリのもとに何度も話を聞きにいく私に対し、北さんは次第に不快感をあらわにするようになった。

「週末のたびにあなたが来て話し込んでいたら、ヒカリが稼げないでしょ。僕はけっして彼女たちの仕事の邪魔はしないようにしているよ。声をかけたそうな男がいれば、その場から離れるよ。ハグだけじゃ女の子たちの懐《ふところ》と胃袋は満たされないんだからね。邪魔しちゃだめだよ。

わかっているのかな？　彼女たちが生きている世界はキレイごとじゃ済まされないんだ。昼の仕事も夜の風俗でも続かない、働けないような、さい果てにここにたどり着いた子たちなんだ。援交でしか稼げない〝路上の子たち〟だって、認めたほうがいいよ」

北さんにそう言われて私は、彼女のことを知りたい、聞きたい、その声と存在を伝えたいと思っているだけではなく、援交して暮らす彼女の生き方を変えられたらと思っている自分に、あらためて気づいてしまった。

そう、私はヒカリに援交をやめてもらいたかった。けっしてヒカリの生き方を否定しているわけじゃないけど、仕事の選択肢をもたず、不器用にしか生きられない彼女に、ほかにも生き方があるということをわかってほしかった。

彼女の足を止め、私が話を聞くことで、自分の心の声に耳を傾けてもらいたかった。「やりたくて援交をやってるわけじゃない。そういえば、ほかにもやりたいことあったじゃん」って、本心に気がついてもらえるんじゃないか……。どこかでそう期待しながら、話を聞いていた。

私の目を見つめて力なく話す、ヒカリやほかの女の子たちの〝生きることへのあきらめ〟ともとれる表情を見るたびに、やるせなくなってしまう自分もつらかった。そんな気持ちからか「楽しいことならたくさんあるよ。いっしょに見つけよう。あなたの趣味は？」と、聞いてしまう私がいた。

愛とは無縁のような毎日を過ごしている〝路上の子〟と呼ばれる彼女たちだけれど、

族

心のなかでは人一倍、愛を求めているはずだ。投げやりなもの言いも、人の心のなかを見透かすような鋭い目つきも、たくましいが、傷つきながら風に向かって生きている姿も、本物の愛を、自分の居場所を探すためのものなんだと思う。

私が必要とされる場所——それを、彼女たちも、彼女たちをお金で買う北さんやほかの男性たちも、みんなみんな欲しているのかもしれない。

# 夜明けのSOS――アーニャ

**――「優しさはいらないんです。頼ってしまうから」**


「子ども見せられなかったね」というタイトルで、アーニャから私の掲示板〝橘ジュンの語り場〟（現在は停止）に書き込みがあったのは、今年一月初めの朝五時二十八分。

　私はいつも枕元に携帯を置いて眠るのだが、この日はアーニャの書き込みを知らせるメールに気づかなかった。

「去年あの場所で橘さんに会ってなかったら　あたしぁいまごろ死んでいたかな……。あたしがつらいとき、寂しいとき、いつも話を聞いてくれてありがとうございました。橘さんにぁほんとうに助けられました。

　これからも助けを求めてる子たちを救っていってください。遠くから見守ってます。橘さん……ごめんね。さよなら」

書き込みを見て、すぐにアーニャにメールした。時間は六時四十六分だった。

「どうしたの？　書き込み読んだよ。なにかあったの？　会おうって約束したじゃん、会おうよ。どうしたのよ？」

その後、何回かメールや電話をするが、彼女からの返事はなかった。嫌な予感がして焦っていた。最悪な事態を考えてしまうのは、まえにもこんなことがあったからだ。


昨年十月半ば、夜十一時三十九分。アーニャからメールが届く。

「子どもを置いて男と逃げちゃいました。あんなに痛い思いして産んだ子なのに、簡単に捨てられるなんて。子どもより男を選んだ最低な母親です。子どもも連れていきたいって男に頼んだんですけど邪魔になるって言われて……。あのときは幸せになれると思って全部捨てたのに……。涙が止まらないです。私は一人ぼっちなんだ……。二度と親、弟、妹、子どもに会えないのか？　自業自得《じごうじとく》ですね。もう疲れました。

あのとき、橘さんに出会えてほんとうによかった。私がいまこうしてメール送ったら、橘さんは優しいから親身になって話を聞いてくれるんでしょうね。でもいまの私には優しさはいらないんです。私は最低でズルイ人間だから。また橘さんに頼ってしまう。

いまの私には目に映るものすべてが真っ暗に見えますよ。ほんとうは助けてって叫びたいのに叫べない。人って弱い生きものですね」

アーニャは一歳にならない子どもを置いて、好きになった男と家を飛びだした。罪を犯した彼は警察から逃げていたようで、彼女を道連れに東京を離れて福岡まで逃避行していたのだ。心の弱さ、孤独の寂しさ、人の悲しみに寄り添えるアーニャが、窮地《きゅうち》に追い込まれている男を見捨てられずに、死を覚悟していることも想像できた。

彼女の悲しそうな顔が浮かぶ。とにかく「早まっちゃイヤだ。会いたい」って伝えようと、私はメールを打ちつづけた。

「どこにいる？　会いたいよ。絶対絶対会おうよ。子どもは大丈夫だよ。また戻れるよ。ぜんぜんやり直せるよ。お願い、会おうよ。いま、どこにいるの？　新宿から遠い？私、いま五千円しかないんだけどタクシーで行けるなら行くよ。いまがすべてじゃないよ。未来は変えられるよ」

そうメールをすると、アーニャから返信がきた。

「いまは遠いところにいるんです……私も帰りたいです。男は暴れ疲れて寝てます。これが彼の愛情表現だから……わかってるんですけど疲れちゃった」

生きる気力が失われているように感じられるメール。私はアーニャの声が聞きたくなり、五回だけベルを鳴らしてみようと思った。電話の音に気づいた彼に私とのやり取りを知られたら彼女に危険が及ぶかもしれないので、しつこくはできない。と思っていたら、彼女が電話にでて、いまいる場所や置かれている状況を教えてくれた。

「彼を一人置いて、自分だけ助かるわけにはいかない」と、声を震わせるアーニャ。

「そんなことない。彼を好きなら、支え方がほかにあるはず。まずはあなたが安心できる場所で生きて、彼を支えればいい。とにかく生きて。死んじゃダメ。うまく逃げて……、お願い」

私の声も震えていた。

「わかりました。また連絡します」と、彼女は静かに電話を切った。

アーニャから私のもとにメールが届いたのは二日後。

「迷惑、心配かけてごめんなさい。あのあと起きた彼にまた殴られました。そのとき初めて彼の友達に会いました。彼の友達は私に、絶対逃がしてあげるから、すこしのあいだ辛抱《しんぼう》してくれって言いました。私は彼の友達がなにを言ってるのかわからなかった。

今朝、彼は大勢の人に連れてかれ逮捕されました。友達なのになんでそんなことするん

だろう？　って思う半面、すこし安心しました。

彼の友達が言ってました。あいつはやり直すことができるから、いま、俺が鬼にならなきゃいけなかったんだって……。私は彼が言ってることを、すこしだけ理解することができた。これから東京帰ります」

数時間後、アーニャから「新宿に着いたよ」と、小さな声で電話がかかってきた。「ありがとう電話くれて。よかった、ホッとしたよ。これからどうするの？　よかったら家に来る？」と私が聞くと、「実家には帰りづらいので当分のあいだ、友達の家に泊まる」と言った。

その後、アーニャは上野のキャバクラの仕事を見つけて、新宿にアパートを借りて一人暮らしを始めることになった。

## ――「過去は消せないけど、生きてていいんじゃんって」

アーニャと私は昨年五月、新宿の歌舞伎町にあるコマ劇場の前で出会った。大きなサングラスにロングブーツを履いた一人の女性がパチンコ屋の壁に寄りかかって立っていたので、いつものように、私がつくっているフリーペーパー『ＶＯＩＣＥＳ』を見せながら、彼女に声をかけた。

「これからホストクラブに遊びにいくからいまは無理だけど、明日の朝なら話してもいいよ」と、アーニャは笑って、携帯の番号を交換してくれた。

つぎの日、約束どおりにコマ劇場のとなりにあるロッテリアに彼女は来てくれた。なにが起きてもおかしくない毎日を送っている街の女の子との約束は果たされないことが多いのに、無事にアーニャと会えたことだけで、私はうれしかった。

二十二歳のアーニャは、十四歳のとき、「自由の街、新宿」にあこがれて、歌舞伎町に一人、家出をしてきた。地元の先輩に連れていってもらったホストクラブで過ごしたきらびやかな夜が忘れられなかった。

「行く場所もないし、とりあえず歌舞伎町にあるサウナに入ってみたら、客たちの自由な会話が楽しくて、ここに居座ろうって即、決めたんだ。なんかさ、いろいろな経験してる女の人だらけなの。私が経験した恥ずかしいことなんて大したことないじゃん、つらくて死にたいって思ってたのが、生きてていいんじゃんって思えたの。

過去は消せないけどさ、傷つきながらもたくましく生きてる女の人たちとの出会いで救われたんだよね」

## ――「汚れてる自分のカラダに価値なんてないと思ってた」

建築業を営む父親、母親、弟、妹の五人家族の長女として育ったアーニャの家のなかは、荒れに荒れていた。父親は母親に暴力をふるい、酒乱の母親はトイレで手首をカミソリで切ったり、父親の洋服をハサミで切り刻んでは暴れるような毎日だった。

さらに小学五年生のとき、アーニャは父親から性的虐待を受ける。夜、スナック勤めをしていた母親が不在中のできごとだった。

「いまでもはっきり覚えてるよ。忘れたくても忘れらんない。処女だったし、実の父親にレイプされたんだからね。寝ていたら布団に入ってきたの。なにがなんだかわかんなくて、痛いし、怖いし、涙が出て……。抵抗しても強い力で押さえつけられて、怒りと憎しみで、いつか殺してやるって思った。幼い弟と妹はとなりの部屋で寝ていた。父親にヤラれながら、弟たちに気づかれないようにって気にしてたよ」

だれにも打ち明けることができないまま、家での居場所を失ったアーニャは、学校には行かず、ゲームセンターに行ったりして夜遊びをするようになる。小学六年のときには初めての彼氏ができる。彼は中学三年で、同級生のお兄さん。

「ずっといっしょにいたいなって思ってつき合って、エッチしたんだけど、心がなんとも思わないの。早く終わんないかなって、そればっかし考えちゃって……」

その後、彼氏と別れてからは、街で声をかけてきた男たちと、会ったその日のうちにカラダを重ねる関係になったりした。レイプされることもあった。

「なんとも思わないの。ヤラれるのは当たり前かなって感じ。まわりの友達は援交してたけど、私はやらなかった。汚れてる自分のカラダに価値ないし、お金なんてもらえないって思ってたから。

楽しくないのにエッチするのは、寂しかったのかな。人の温《ぬく》もりが欲しかった。その行為でしか自分が求められてるって感じられないから。ホントはだれにでもいいから愛されたかったのかも」

十五歳のとき、本気で好きになった一歳上の彼氏ができるが、バイクの事故により、彼を失ってしまう。さらに親しかった先輩の自殺。アーニャは生きる希望を失い、荒れ狂ったように薬による自殺未遂や傷害事件を起こし、少年鑑別所に二か月間送られる。

出所後に両親は離婚した。母親が家を出ていったその日の夜、父親が新しい女性を家に連れてきて「今日からいっしょに住むから」と、子どもたちに向かって一言だけ言い放った。

そんなとき、アーニャは自分が妊娠していることに気がつく。バイクの事故で死んだ彼の子だった。

「どうしていいかわからなくなって、父親にぶつけたの。『あんたのせいで人生メチャクチャだよ』って。父親は私をレイプしたことを覚えてなくて、でも泣きながら土下座《どげざ》して『ごめん、悪かった』って謝ってたけど、涙見てもなんとも思わなかった」

## ――「親に振りまわされる人生はもうイヤだ」

精神状態や環境が不安定だったこともあり、産みたかったお腹の子は流産してしまう。

「親に振りまわされるのはもうイヤだ」と、アーニャはまたも家を飛びだした。

十六歳のアーニャにとって、歌舞伎町は刺激的で魅力的な街だった。年齢をごまかしてのキャバクラ勤め、ホストクラブ通い、覚醒剤《かくせいざい》、週四日のピンサロ勤め……。お金がいくらあっても足りなくなり、どんどん夜の世界にハマっていった。そんなアーニャが二十歳になったとき、覚醒剤で警察に捕まり、栃木にある女子刑務所に一年間送られることになった。

「変だけど、逮捕されてホッとしたかな。あのまま歌舞伎にいたら、覚醒剤やめられなくて、ヤバイことして行方不明になってたかもしれないもん。カラダで稼いだお金をホストに貢《みつ》いでバカみたい、って思えたしね。歌舞伎にいると、つい流されて、自分と向き合う時間なんてないからさ。家出から四年、ああ、家に帰りたいなって思ったよ」

出所後は父親の住む家に戻り、昼間はキャバクラ、夜はピンサロで働いていたアーニャだが、つき合っている彼氏の子を妊娠する。

入籍はせずに昨年の春、無事に男児を出産して、アーニャはシングルマザーになった。

「子どもはめちゃめちゃ可愛い。自分もママになって、よく笑うようになった。でもまだ遊びたいし、友達にはママになったことを話してないんだ。仕事も続けてるよ。仕事中は父親と新しい母親に面倒見てもらえるし、いままでの生活をできるだけ変えたくないの。

ママになって初めて父親に感謝したよ。過去を許せたわけじゃないけどね。将来の夢？　寂しく死にたくないいし、四十歳くらいで死にたいかな」

アーニャから語られた壮絶な人生に正直、私は圧倒されて、しばし言葉を失っていた。

私より十五歳も若い彼女だが、年上と話しているような、なんでも受けとめてくれるような包容力と安心を感じるのは、さまざまな経験をしてきたからだろう。サングラスの奥にあるアーニャの瞳をのぞきながら、私は一人で納得していた。

じっと見つめる私の視線に気がついたアーニャが「こんなに自分のことを人に話したのは初めて。聞いてくれてありがとうございました」と、恥ずかしそうに笑った。また会う約束をして、店を後にした。

それからもアーニャとはメールや電話で連絡をとりあった。

初めて会った日から約三か月ぶりの夏の日、アーニャの住む上野で会うことになった。話を聞くと、彼女の仕事はピンサロからソープ嬢に変わっていた。

「フロに堕《お》ちたんで。いままでやった風俗でいちばんつらい仕事です」と、アーニャは言っていた。なぜ始めたのかをたずねると、「お金のためじゃなく、独りでいたくないから。独りでいると、つらいことや悲しいことを思いだしちゃって、気分が落ちて死にたくなるから」と、アーニャは伏し目がちに言った。

死にたくなる気持ちを奮い立たせたくて、あえて安定剤や睡眠薬を飲まずに、週一度の休みの日には、身体が疲れていても人と会ったりして過ごしていた。向精神薬を飲むとだるくなり、人に会いたくなくなってしまうからだった。

ご飯を食べながら話していたら、なんと四時間半も経っていた。別れぎわ、アーニャに、なんで私に連絡をくれたのか聞いてみると、「私のことを理解してくれていて、待ってくれている人だって思ったから……」と答えてくれた。今度は私が質問された。

「なんであのとき、私に声をかけたんですか？」

「なんでだろう。コマ劇場の前になんで一人でいるのかなって思ったし、なにかね、感じたんだよね」と、うまく言えずにいる私に「あそこにいたから偶然、出会えたんですよね……よかった」と、アーニャがうれしそうに笑ってくれた。

**――元気じゃなくてもいいから、生きていて**

その後も何度か会っておたがいの近況などを話していたのだが、今年一月の早朝、掲示板に書き込まれた「さよなら」を読んだ私は、不安で胸が張りさけそうだった。アーニャの優しさや情の深さを知っているから、またなにかの事件に巻き込まれたんじゃないかと思い、冷静になればなるほど、逆に不安は増すばかりだった。直接私にメールするのではなく、掲示板に書き込みメッセージを残したのも気になった。

まさか、ほんとうに、さよならを言うつもりで書いたんじゃないよね？――

メールなら私からすぐに返事がくると思い、それを避けるためにわざと掲示板に書き込みしたんじゃないか、などと悪いことばかり考えてしまい、どうしようもなかった。不安からか、だんだん怒りにも似た感情がこみ上げてくる。

「どうしたの？　なにがあった？　元旦の日に、近々会おうってメールしたばかりじゃん。春になって暖かくなったらアーニャの子どもと会わせてくれるって、約束したじゃん。元気だったじゃん。実家でお正月過ごしてるって、言ってたじゃん。なにがあったの？　どうして『さよなら』なの？　『橘さんごめんね』ってなんで謝るのよ!!　連絡ちょうだいよ。また元気な声聞かせてよ。ううん、元気じゃなくてもいいよ。元気じゃないならいっしょにいようよ。会って話そうよ」

アーニャは大丈夫、生きていると自分自身に言い聞かせながら、返事のこないアーニャにメールを送りつづけた。

「いまね、アーニャと出会った日の取材ノートを読み返してるんだ。あのとき、あの場所で、あの時間に会えたことに感謝しながらね。

アーニャ、私はね、自分がちっぽけで、弱くてダメな人間だって知っているんだ。だからかな、こんなんでいいのかな？　私なんて生きてて人の役に立てるのかな？　なんて思ったりもするんだ。ただ目の前にいるその子だけを見て、心の声に耳を傾けて、取材ノートにペンを走らせて、それを受けとめて、私なりに伝えたいと思うことが唯一、私の生きる意味なのかもしれない。

だってさ、私はアーニャとか街で出会った女の子たちに助けられているんだもん。うまく言葉にできないけどね、時間がね、止まった感じ。宝ものを見つけた感じなんだよ。あなたと出会ったときもそう。ダイヤモンドのようにキラキラ光っていたんだよ。やっと見つけたって、うれしくて思わず、声をかけていたんだよ。

出会いはね、私にとって宝探しなんだ。あの日、あのとき、アーニャという宝ものに出会えたことが、私の生きている理由になっているのかもね。アーニャと会って、二人の距離が縮まってさ、歳は離れてるけど友達になれたら……って、願いながら家でメールしたり、電話したりして、また会えたらそれがうれしいし、明日も頑張ろうって思えるんだよ。

会う日はさ、アーニャの元気な顔を見たいけど、元気じゃなくてもいいからいっしょにいたいんだよ。会いたいよ。どこかで会って、笑ったり泣いたり、怒ったりいっしょ

にしようよ。また私の目を恥ずかしそうに見つめてよ。ね、アーニャ。連絡待ってるよ。とにかく生きていて」

――「約束。また歌舞伎で会おう」

そんなアーニャから掲示板に書き込みがあったのは三日後のこと。

「皆様に迷惑かけてごめんなさい」というタイトルだった。

「あの日、いままでにないぐらい、つらいことがあったんだ……。いままでもうれしいことより、つらいことのほうが多かった。それでも自分なりに乗り越えてきたよ。でも今回は無理。だれも信じられない。自分の子どもでさえも……。あたしは人じゃなくなっちゃった。楽しくても笑えない。悲しくても泣けない。

生きてることが嫌で死のうとした。意識がなくなってる途中、あたしはやっと幸せになれるって思ったのに病院にいた。なんで助けたのか？　いますぐ殺してくれって親を責めた。親は泣いてたけど泣かれてもなんとも思わなかった。だから橘さんにはもう会えないの……。でもね……しょせん他人じゃん。こんなこと言ったら橘さん傷つくと思うけど、あたしのことは放っといてください」

生きていた。アーニャが生きていた。

もう、それだけで十分だと思った私は、「生きていてくれて、ありがとう」とだけ書き込みした。すると翌日の深夜二時三十九分、アーニャから書き込みがあった。「ほんとうは大好きだよ……」というタイトルで。

「橘さんの声聞いたらまた頼っちゃうじゃん……。あたしも橘さんみたいなイイ人に出会えてよかったよ！　ほんとうはいますぐ会いたい。大好きだし……。でもいまは逃げちゃダメなんだ。元気になったら歌舞伎でまた会おう。約束（笑）。頑張るね。みんなありがとう」


悲しいことも、つらいことも苦しいことも、たくさん経験したアーニャだから、そのぶん、人の想いを敏感に感じられるんだね。ありがとうって言わなくちゃいけないのは、あなたじゃなく私のほうだよ。あなたと出会えてほんとうによかった。

じゃ、つぎに会うのは歌舞伎でだね!!　時間を忘れるくらい、またいっぱい話そうね。

# 顔をもたないセックス――ミナとアオイ

## 「親のいる家に居場所はないの」――

昨年の春、テレビの夕方のニュース番組の特集枠とゴールデンタイムのバラエティー番組で、『VOICES』の取材をする私たちの活動が紹介された。同じ局の二つの番組での同日放映ということで、この日は一日中いても立ってもいられなくて、時間が過ぎるのがとても長く感じられたのを覚えている。

バラエティー番組の放映直後、「ミナ」という女の子から私のブログに「連絡をとりたい」という内容のコメントが届いたので、「直接メールを送って」と私は書き込みをした。

「どうしよ、橘さん……、なんかもうよくわかんない。会いたいです……」

ミナと直接、メールのやりとりを始めてから二日後。彼女のメールに「すこし話そうか？」と返事をして、携帯の番号を教えたら着信があった。

「橘さん、ミナです。いま、親とケンカして家を飛びだして駅にいるの。一人でいるの。どうしたらいいかわからなくて、橘さんに会いたくなって、ごめんなさい……」

彼女の話し方や声が幼いので、年齢をたずねてみたら「十四歳」だという。中学二年の歳だ。

「家はしょっちゅう飛びだして、帰らないこともあるんだ。学校へは行ってません。親からはなにも聞かれないです。親のいる家に私の居場所はないの。とにかく私のこと最初から橘さんに聞いてもらいたくて……。いま、茨城県内にいるんですけど、どうしたらいいですか？」

ミナは泣いている。緊急性を感じた私は、とにかく会って話そうと思った。もう十一時をまわっているが、電車があるならうちに来てもらおうと思い、すぐに調べてみたが、彼女のいる場所からうちまで来る終電には、すでに間に合わなかった。

彼女に電話をかけなおし、今夜は家に帰るように伝え、明日会おうと約束した。焦ってはいたが、この夜は「彼女の笑顔が見られますように……」と祈るしかなかった。翌日、ミナに会いに上野に行った。

待ち合わせ場所に現れたミナは十四には見えないほど大人びていて、早熟な彼女に私はドキドキしていた。駅の近くのファーストフード店に入り、カウンターに並んで話を聞かせてもらった。

## ――「求められるのがうれしい。必要とされてるから」

中二の夏休み、ミナは援交をした。二万円の携帯料金が高いと注意されて親とケンカになり、家を飛びだして、夜の街をフラついていたときに二十代の男性から声をかけられたのがきっかけだった。

心細くて寂しくて自暴自棄《じぼうじき》になっていたミナは、その男性を好きだという気持ちはなかったけれど、「助けてくれた優しい人」と感じて、流されるままに車の中で初体験を迎えてしまった。

「イヤだったけど、どっかに連れていってくれたり、ご飯食べさせてくれるから……。家に帰れば父親と殴りあいのケンカになるし、包丁持ちだされたときもあったし、『おまえなんかうちの子じゃない』って言われたこともあるし、自分なんてどうなってもいいやって、毎日街に行くようになっちゃった。カラダの関係はイヤだけど、楽しいって

RE
FIRE
FIRE
いつもありがとうございます。
お願い

思うときもあるし……」

「セックスはカラダを重ねるだけ」と割りきり、携帯サイトでキーワード検索をして、相手を探すこともあった。

「会ってすぐカラダを求めてくる男の人が多い。ドライブ行って、ご飯食べて、ホテルとか。どっかに連れていってもらったり、ご飯食べさせてもらったときはお金はもらわないの。相手も払うって言わないし、ミナもお礼として自分のカラダをあずけてた。

援交はね、携帯料金や欲しいものがあってお金が必要だったりすると、するの。そのときは、お金が高ければだれでもいいんだ。でもミナがどっかに行きたいとか、遊びたいって思って気分でエッチしたら、お金はもらわないよ。ミナが援交だって思ったら援交なのかな」

家に帰りたくない。お金があれば自由でいられるから援交をする。父親に「おまえなんか生まれてこなきゃよかった」と言われたときから「なんのために自分は生きているのか、生きてる意味がわからなくなった」と、うつむき加減に目線を外し、つぶやいた。

「男の人に求められるのがうれしいの。自分が必要とされてるから、ミナを買ってくれる人たちに応《こた》えてあげたいって思っちゃうの。だって、ミナの相手をまともにしてくれるから。お父さんに話しかけても、話してくれないでしょ。もしかしたらお父さんに置き換えているのかもね。

人って寂しいし、弱いし、孤独だし。ミナを求める大人の男の人が、下心でカラダ目的だってわかっていても『いいよ、おいで』って、裸のまんまで両手広げてね、迎え入れてあげたくなるの。そういうことしてない人からは、バカだと思われるかもしれないけど、ね」

十四歳の少女の早熟さは、出会った大人たちによって身についたものなんだなって、私は妙に納得してしまい、ミナのあまりの母性の強さを同性として、嘘《うそ》ではなく尊敬してしまった。

そして、せつなさでいっぱいだった。

## ――「キレイな心は戻ってくる?」

「会ったら会ったでしょうがないって思うけど、行くまえからかなり憂鬱《ゆううつ》。で、終わった瞬間……罪悪感で胸がしめつけられる。苦しくなって、ものすごくつらくて……、いつも涙がこぼれそうになるのをこらえて帰る。

彼氏、家族や友達、バイト先のみんな、それから橘さん……。かならず心のなかで謝って、マリア様にも謝って……、そんなことしたって許されるはずがないのに……。もうしてはいけないって頭ではわかってるんだけど……やめられない。ほんとうにわかってるならとっくにやめてるか……甘いんだよ。きっと……。

やめたいよ。やめたいけどさ、まだまだ遊びたいしどうしても欲しくなるし、欲が尽きないんだよ。カラダ張るくらい欲が強くて負けてしまうんだよ。なにもできないガキにはそれくらいしか方法がないんだよ。ほんとに……どうしたらいいの？　つらい」

以前、ミナ自身のブログに書かれていたものだ。ほかに、こんな詩も書いている。

「はらり、はらり、と散って堕ちてゆく桜　まるで私のようだ
キレイな心が風に揺られて堕ちてゆく　だれかに揺らされて流されて……
キレイな花びらだけ落ちていくように
私のキレイな心もみるみるうちに堕ちてゆく
やがて桜の花びらはなくなって何もなくなる　私の心もカラッポになる
でも、桜の木はつぎの年の春になるとまた花が咲く

……私の心は……？　またキレイな心が戻ってくる？　それは自分次第
桜の木が冬の寒さに耐えるように　私の心もつらさに耐える
そうすればまたキレイな心は戻ってくる
そう信じて今日も頑張るそんな私　美しく咲き乱れるんだ」

初めてミナと会ってから一か月ほど経ったある日、ミナからの連絡がとだえてしまった。すこしまえから、メールしても、ブログにコメントしても返信がなかった。でも、そんな気分のときもあるだろうって、たいして気にはしていなかったのだが、この日、携帯にかけてみたらつながらなくなっていたのだ。

なにがあったのだろうか。警察に捕まったのか。それとも援交をやめ、学校へ行くようになったので、過去を知る私とは連絡がとりたくないだけなのか……？　理由はわからない。ミナがこの日書いた、最後のブログ。

「あたしの存在ってなに？　あたしの存在価値って？
おまえがこの世にいることでどれだけの人に迷惑がかかってるか、なぁ、わかるか？
わかんねーよ、なにそれ。そんなん言われたら生きてる意味なんてねーじゃん。生きてる意味考えてる途中だったのに、そんなん言われちゃ、考える意味すらなくなる。

なんでそうやってあたしの大切な……大事なものなくそうとすんの？　ふざけんなよ。罰……？　罰なのか？　懺悔《ざんげ》しても許されないことをしたから罰を受けるの？　好きな人も、友達も、優しく接してくれたみんなも……。全部全部今日で消えてしまう……。

もう遊びは終わり。今日でみんなとはさよならだ。これが最後の記事になるのかもしれない。ばいばい」

追記には「みんなありがとう。橘さん……ちょっと行ってきます」の言葉。なにがあったのかわからず、彼女の気持ちに気づけなかった自分が情けなくて、涙が出てきた。

ごめん、ミナ。あなたの置かれている状況が危険だっていうこと、認識不足だったかもしれない。携帯だけじゃなくて、住んでる場所や自宅の電話番号や学校名を知っておくべきだったよね。忘れてないよ、ミナのこと。うちに泊まりにきたときに教えてくれた、リップグロスのブランド名も、携帯の画面メモのやり方も、覚えてるよ。

ミナは十五歳になっているはずだよね。またいつの日か、声を聞かせてくれるかな。

ううん、いいんだ。連絡がこなくても、私を忘れてもいいんだよ。ミナが元気でいてくれさえすれば、私という存在は通りすぎていいんだ。元気じゃなくてもいいから、い

や、元気なほうがいいけど、生きているならいいんだ。

## ——「顔を隠せば男は全員同じでしょ」

ミナを想うとき、もう一人の女の子を思いだす。

大学生のアオイ、二十歳。話を聞いたのは約二年前になるから、いまは大学を卒業して二十二歳になっているはず。出会ったときのアオイは、ソープランドに勤める風俗嬢だった。

連絡がとれなくなって半年になるけれど、元気にしているかな。アオイを思いだそうとしてあれこれ考えてみるが、顔が出てこない。最後に会ってから一年くらいでおかしな話だけど、アオイのスラリとした体型や声は思いだせるのに……。顔だけが透明になったように印象をなくしてしまっている。彼女は望みどおり、大学を卒業して、公務員として社会人になっているだろうか。

アオイは十五歳のとき、とにかく寂しくて、だれかに支えてもらいたくて、肌と肌の温もりが欲しくて、出会い系サイトで出会いを求めた。出会い系サイト以外の方法は頭に浮かばなかった。男たちは彼女のカラダを求め、その代わりに彼女はお金を手にした。

アオイの援交の始まりだった。

「お母さんがお父さんに対して『稼ぎが悪い』って言っているのを小さなころから聞いていて、『お金がなきゃいけないんだ』って、お金への執着がものすごいあった。母親は父親の悪口をいつも私に聞かせていて、そんな夫婦のなかにいた子どもだから、愛情にはすごく飢えていて。両親が離婚したのは中一のとき。

真実の愛とか信じられないくせに、やたら〝夢見る乙女〟みたいなところは強いかも。好きな人は王子様であってほしい気がするから、『この人にも下心があったんだ』って思うと残念だなって思っちゃう。首から下はいらないのに、って」

だれからも必要とされていない気がして、たまにフッと「いま、死んだらお葬式には何人来てくれるのかな」って考えてしまうときがある。「〝独りが寂しいわけじゃなくて、独りだと思うことが寂しいんだ……〟って、どこかのバンドの歌詞であったなー」と、アオイは笑った。

十七歳のときに売春防止法が改正されたことをきっかけに援交はやめて、イメージクラブをやっている風俗店へ入店する。大学に通っていた二十歳のときからは、ソープランドで働きはじめた。

風俗の仕事をするのは、親にバレないよう、大学が休みの日の朝から夕方まで。ふだんは真面目に大学に通い、一日もサボらず、遅刻もしていない。

「就職するつもりはないけど、親にわざわざお金だしてもらって大学へ通ってるわけだから、親孝行のためには就職してあげたほうがいいんだろうなって思う。けど、薬物やアルコールの依存症なんかといっしょで、楽しみとか知っちゃうとなかなか抜けだせない。三十分間自分を押し殺してれば、何万と手に入る世界でしょ。ふつうのバイトして、相手は上司だからっていう立場のために自分を押し殺して手に入るお金が九百円なら、同じ時間を我慢してたくさんのお金を得たほうがトクかなって思っちゃう」

中学生のころから月に百万近いお金を得て不自由のない生活をしてきたため、月に二十万や三十万でやっていくのは「バカらしいかな」と思う気持ちが正直あった。

「極端な話、顔を隠したら男は全員、同じでしょ？　だから目をつぶって、この人はカッコいい芸能人に似ているんだって自分に思い込ますの、つらいから。男の人のカラダを見てもぜんぜん興奮しないし、男の人の前で裸になるのも恥ずかしくない。男が嫌いではないけど、軽蔑《けいべつ》してるのかも。汚い部分しか見てきてないから。カラダさわられてもドキドキしないし、ただ生きてる人形みたいな感じ」

アオイの心とカラダはバラバラに切り離されているんじゃないかなって、話を聞きながら考えていた。顔を隠せばだれでもいっしょだとは思えない私は、心とカラダが一致していて、思ってることはカラダが反応して、隠せないと思う。

私にはない部分をもっている二十歳の女の子が得たものは大金で、失ったものは感覚。当たり前だけど、男は全員が全員、下心のある人ばかりじゃない。会って話してみて、距離を保ちながら、おたがいがわかりあっていくものだけど、アオイの場合は風俗店で出会ったらすぐに裸になり、セックスをするのだから、感覚が麻痺《まひ》してしまっても仕方ないのかもしれない。

約五年間、一日六、七人の客を相手にしてきたアオイ。男性経験を聞くと、「二、三千人だと思う」。私は思わず「ちょっと待ってよ、二千と三千っていう数はぜんぜんちがうよ！」と、アオイの言葉をさえぎってしまった。

「そっか。じゃ三千のほうが近いかも。客の素性なんかに興味ないから、とにかくクレームなく一時間でイッてくれればいいって、それだけだから、考えてるのは」

ふとアオイがつぶやいた。

「満員電車の中の顔がお札だらけに見えるときがくるのかな？」

「男の人の顔がお札に見えるの？」と聞くと、「うん、お金にしか見えない。男の人の顔なんかどうでもいい。だっていっしょだもん」と、目を伏せた。

これまでずっとアオイは、満たされない心をお金で満たしていたのだろう。

風俗の仕事に対してプライドをもっていないから、後ろめたい気持ちでいっぱいだと話すアオイ。世間にも、友達にも、家族にも、これから出会う人や恋人にも後ろめたい気持ちはもつだろう、とつぶやいた。

## ――「お母さんの自慢の娘になりたいの」

話を聞いていると、アオイは〝親孝行〟という言葉をたびたび口にする。なぜ親孝行をしたいと思うのだろうか。

「うちの親戚《しんせき》には公務員とか立派な大学を出た人とかいないから、自分がなって、ほめられたいの。いままで感謝の気持ちを伝えたことはないけど、でも、たぶん世の中で私が死んだらいちばん悲しむのはお母さんだし、お母さんが死んでいちばん悲しむのは私かな。お母さんにとっての自慢の娘になりたいの。いままですごく期待をかけられていて、それに応えられなかった気持ちもあるし。

もちろん援交も風俗していることも内緒だし、疑いもしてないと思う。たぶん私のことを異性に対して消極的で、処女だと思ってるかも……」

最後に意地悪な質問をしてみた。無表情なアオイの表情が変わる瞬間を見てみたいって思ったからだ。〝生きてる人形〟ではなく、感情をむきだしにした人間っぽい〝生〟のアオイを感じたかった。

「お母さんはあなたの全部を知っているわけじゃないけど、知られたらどうなると思う?」

すこしあいだをおいて、考えるようにアオイがゆっくり答える。その表情はまるで幼い子どものようで、どこか怯《おび》えているようにも受けとれた。

「どうにもならないと思う。きっと見捨てたりはしないと思う自信があるし、消そうと思ってもいままでしてきたことは消せないでしょ。それを塗りかえるように努力するしかないって思ってる。親子の関係は変わらないって思うし、ありのままの私を、いざとなったら受けいれてくれるって、信じている」

ひとことひとこと、かみしめるように話すアオイ。「そうあってほしい……」と、願っているようにも感じられた。

私の知っていたアオイのメールアドレスが変わってしまい、連絡がとれなくなってから半年以上になる。

友達ってどんな存在かを聞いたとき、アオイはこんなふうに答えてくれた。

「自分の将来のプラスにならないものはすべて切り捨ててきたし、ずっと一生続く友達じゃないなって感じてくると切ってきた。けど、最近、それももったいないかなって。そうしてきたから、いまになって大学で寂しいのかなって……」

私という存在も将来プラスにならないと判断したのかもしれない。言葉にうまくできないけど、寂しいけど、ちょっとホッとしていたりもする。街のなかで偶然アオイに出会っても、知らんふりをして、たぶん、私のほうから話しかけることはしない。

アオイの顔を思いだしても、心のなかだけで「元気?」って、あいさつをしているだろう。過去の物語を塗りかえて、いまを楽しくやっているって、信じているから……。

＊＊＊

## ◎くり返すつまずきと、残った希望

援助交際を続ける子たちは、なにを求めて男性たちの前にカラダを投げだしているのだろうか。私たちがつくっているフリーペーパー『VOICES』には、彼女たちの赤裸々な想いと迷いが送られてくる。

「たたかれたり、つねられたり、いろいろ痛い」

「一度もキモチイイと思ったことはない。なにも感じない。やばいですよね。さわられても『あーさわってるな』ってくらい。好きな人とヤッても感じなかったなあ。一度もきちんと愛されたことはないかもって思う」

「ウチはやっぱり人間じゃない、モノでしかないって実感した」

「なにが楽しいの？　わかんない。汚い……汚い……汚い……。気持ち悪いおじさんのあそこしゃぶって……カラダさわられまくって……気持ち悪い……。けどなんか安心するんだよ……。私ここにいていいんだって思っちゃうんだよ……」

「どおして……お金かなあ。でも居場所探ししちゃってる部分もあるのかなあ。でも居場所なんかないのわかってるし。でも必要とされたいっていうのぁあるかもしれない。

でも必要とされてるわけぢゃないのわかってるし、あたしも必要とぉしてないと思うし……。ジュンさん、こんなあたし生きていてイイのかな」

私は援助交際も自傷行為の一種と思っている。自傷行為として援助交際する子、ODする子、リストカットする子がいて、それらが重なって現れている子たちも多い。何人かの話を聞いて感じているのは、自傷がどの行動に向かうかで、その子の関心と希望のありかも見えてくるということ。

リストカット行為だけをする子たちは、他人との出会いを求めていない。たぶんいろんな意味で、社会に対して、他人に対して不信感でいっぱいなんじゃないかと思う。

それにくらべると、援助交際する子っていうのは「どうせ私なんか」とか「私を受けいれてくれる人なんていない」と頭では思っていても、それでも行動せずにはいられなくて、傷つくことがわかっていながらも出会いを求めてしまうところがある。

そんな彼女たちの向かう場所が、出会い系のサイトであったり、街頭であったりする。そこにいる男性たちは、彼女たちの寂しさや孤独という心の隙間をねらって入り込んでくる。欲望をむきだしにして「商品なんだから黙ってろ」というような関係しか求めない。彼女たちは安心を求めて、居場所を求めて、温もりを求めているわけなのだが。だから、やはり彼女たちは傷つく。もちろんお金が欲しくてという目的もあるかもしれないが、そこは後づけの理由になっているんじゃないか。

そうして傷ついて、それでも出会いを求めることをやめずにはいられない彼女たちを見ていて、私はもちろんせつなくなる。でも同時に、それでもやめないってことが、他人との出会いに絶望しているわけではないのかな、っていう気にさせられる。ああ、それでもまだまだ彼女たちは信じているのかな、自分が愛せる人、愛してくれる人を探し求めているのかな、ということに希望を感じるのかもしれない。

写真家の藤原新也さんと対談したとき、ヒカリのことを話したら、「そういうのは健気《けなげ》っていうんだよ。その子たちをただ不幸な、かわいそうな存在とは僕は見ない」って言っていたけど、まあそういうことなんだろう。それでもやらずにはいられない、そこに彼女たちの健気さを感じるっていうことだ。

そんな彼女たちから話を聞きつづけ、彼女たちが自分の言葉で語る場所をつくっていきたい。そのうちに〝自分が求めていること〟がなんなのかに、気づいてほしいと思う。そのなかで、お金だなんだっていう理由づけは消えていくんじゃないだろうか。

## 《伝えたい、キミの声》

### ▼人とのつながりを感じてほしい

私は毎日のように〝取材〟として、いろいろな子から話を聞いている。

平日は街で出会ったり、メールでつながったりした子に、週末の金曜・土曜の深夜は歌舞伎町や渋谷センター街に立ち、気になる子を見つけたら声をかけ、話を聞かせてもらっている。なぜ、彼女たちはこんな時間にこの場所にいるのか、彼女たちの〝いま〟を知り、〝リアル〟を伝えたいからだ。

いろいろな出会いを通じて、彼女たちの声を聞いて伝えることで、私自身、迷い、もがきながらも生きる原動力にもなっていて、私は私を表現しているんだと思う。

現在の社会の生きづらさ、だれもが抱えているであろう孤独やしがらみを解消したいなんて大それたことは考えていないけれど、聞いて伝えることで、すこしでもだれかの役に立てたらいいな、とは思っている。

声をかけた子も「自分の経験が、だれかの心になにかしら響くことができたら、すごくうれしい」と、つらかった経験を語ってくれるのだろう。

やはりつくづく思う。

人は人によって傷つくけれど、人によって癒されもするから、人とのつながりってほんとうに大事なんだよなって。一人で生きていると思っている子も、じつは一人じゃないって感じてもらいたいし、だれにも頼れずに一人で生きなくちゃって思ってる子には、一人で頑張りすぎなくてもいいんだなって感じてもらえたら……と思っている。

## ▼出会いから広がった私の世界

そんなふうに思うのは、私自身も人とのつながりで生きてきたと思うからだ。

十八歳当時、私はレディス（改造車で走る女性だけのチーム）をやっていたが、そのころ、ある雑誌の取材を受けた。やってきたのは大人の〝おじさん〟。最初は習慣で身構えた。大人に私たちの話がわかるのか、と思った。

その〝おじさん〟は、私たちのことを具体的にいろいろ聞いてきた。

「何回ぐらいケンカしたの？　一回？　十回？　それとも三十回？」とか、興味をもって質問してくる。「毎日どんなふうに過ごしてんの？」と聞かれ、私が答えたら「へぇ」と言って、おもしろおかしく受けとめてくれた。

私たちのような、学校や家では居場所を見つけられずに、さまよってしまう人間に慣れている感じがしたし、大人でありながら〝ニオイ〟や〝空気〟に違和感を感じないのが不思議だった。

そんなふうに、私たちの話をまるごと聞いてくれる人は、それまでいなかった。親でも、先生でも、警察でもない、会ったことのないタイプの大人。

私たちの話に笑ったり、黙って聞いたり、共感したりしてくれて、ただ「目のまえにいるこの子のことを知りたい」って思っている。「大人の自分が、この子たちを更正しなきゃ」なんてことは、ぜんぜん考えていない。だから私も素直になれた。

それが私の文章の師匠となる、栃内《とちない》良さんとの出会いだった。

気づくとベラベラといろんなことを話していたのだが、栃内さんは一度も「そんなことして」などと説教じみたことを言わなかった。「それでチームつくって、これからどんな活動してみたいの？」と聞かれたので、「雑誌（当時人気だった、十代の女の子が主役の雑誌）の表紙になりたい」と言ったら「僕、そこに書いてるよ」って。そうしたらほんとうに取材、撮影することになり、私たちのチームが表紙になった。

その取材のときも、たくさん話をした。親のこと、彼氏のこと、いまのこと、将来のこと……。すると栃内さんに「僕、『オールナイトニッポン』っていうラジオ番組の放送作家やってるんだけど、そこに〝元レディス〟として出てくんない？」と誘われた。「自分の思ってることを、ただぺちゃくちゃしゃべればいい。いま僕とこうやって会話しているように」と言われ、それなら楽しそうかな、と行くことにした。

番組でも私は「こんな悪いことをした」とか好き勝手にしゃべっていたところ、「ジュンよりも、もっと自分はバリバリだと思うリスナーから電話を受けつけよう」という話になり、「私のバリバリは―……」というバリバリ自慢の電話がかかってきたりして、番組は大反響。すると終了後にディレクターから「また来週来れる？」と言われ、それから毎週、有楽町のニッポン放送に通うようになったのだった。

クルマを乗りまわし、みんなでゲームセンターにたまっていた、それまでの日常とはぜんぜん別の世界が広がりはじめた。その世界は私にとっては新鮮で、楽しく思えた。ラジオ番組のゲストには〝ひきこもりの人〟や〝AV女優の人〟とか、いままでまわりにいなかったような人たちがやってきた。その人たちと話しながら、そんなふうに考えているんだ、それが悩みなのか、とビックリしたりもした。

そのころから、自分がいろんな人に会って話を聞く、ということに興味がでてきたんだと思う。

ちょうど同じ時期に、私たちが表紙になった雑誌の編集長から「おまえ、ちょっとエッセー書いてみろよ、締切だけ守ってくれれば、好きなこと書いていいから」と言われ、連載が始まった。これが私のライターとしての初仕事となる。

ずっと取材される側だった私が、今度は自分が文章を書くということを始めて、いろいろな人の話を聞いて、書いて、伝えたいって思うようになっていった。

## ▼家の外に居場所を探した十代

テレビや新聞で私のことが紹介されるとき、〝道を踏みはずしていた〟などと言われることがあるが、この時期〝非行に走った〟とか、あとから〝更生した〟という感覚は私にはない。あのころの仲間は、会えなくてもいまでも大切な仲間だし、そのころと続いたかたちで、いまの自分もあると思っている。

でも、中学や高校のころの私は、仲間以外は〝敵〟だと思っていて、仲間以外の人を傷つけてしまう、とても自分勝手でカッコ悪い人間だった。

そのころ、つき合っていた彼氏の影響でバイクやクルマにも興味をもつようになり、十六歳になったらすぐに原付の免許を取り、女だけでいっしょに走ったり、みんなでたまったりしていた。

そこへ行けばだれかしらいるっていう場所。携帯電話もなかったし、お金ももってなかったけれど、仲間がいればよかった。

だれかの問題を自分のことのように本気になって、ときにケンカしながらも、とことん話し合ったし、キツイことを言われても、自分のことを思って言ってくれているんだ、って思えたから、受けいれることができた。

たぶん、ふつうの子だったら経験しないことをし、いいこと悪いことの判断さえきちんとできなかったけれど、仲間と過ごす時間すべてがまぶしく見えた。

ときには、十五歳やそこらで「妊娠したかもしれない」と泣いている友達をみんなで囲んで、なんとかなんないかな、どうしたらいいかなと、ない知恵をだしあったりもした。みんなで子育てをやろうと相談していたら、大人から駄目だって言われたりして。

そんなふうに、仲間たちと悩みをその場その場で共有してきたことが、きっといま、私が街に出て話を聞くということにつながっているのだろう。

いっぽう家族にしてみたら、私の十五歳から十八歳というのは暗黒時代のようなもので、いまでも昔話を嫌う。先日、母が「あんたの苦い青春時代は全部燃やしてあげたわよ、きれいさっぱり」と言うので、なんのことかと確かめると、実家に置いてあった私のアルバムなど、当時の思い出の品がことごとく捨てられていた。「いやいや、私にとっては大事な青春なんだよ」と言うと、母は「なに言ってんのよ、あんなの思いだすだけでもぞっとするわ」って……。

十八歳でクルマの免許を取ってからは、レディスのチームを結成した。ノリ的にはサークル活動みたいなものだった。「改造車が大好きな、ちょっとヤンキーな女の子たちの集まり」。八人お揃いで、気に入った言葉が刺繍《ししゅう》された特攻服を着て、クルマ四台くらいで集まってでかけたり、写真を撮ったり、正月には富士山をめざして走ったりもした。

チームで走っていたあのころに、嫌な思い出はない。クルマやバイクのテールランプを見つめながら「いまなら死んでもいいかな」なんて一瞬、思ったりしたこともあった。信号無視とか騒音とか、世間から見たら迷惑な存在だっただろうから、あまり語れないけれど、それも暴走の日だけのこと。ふだんはふつうに走っていた。私が雑誌などによく出るようになって、「なに、あいつぜんぜんバリバリじゃないくせにさ」などと言う人もたくさんいたが、私も自分のことを地元でいちばんだとか思ってもいなかったし、そんなことはどうでもよく感じていた。

大好きな仲間とみんなで、目立つクルマで目立つことをするのが楽しかった。ほんとうに、それだけだった。

# 〈2章〉自分に罰を

# 隠れた傷あと――ユウ

## ――「あたしのこと軽蔑しますか?」

突然だった。ユウが私のそばにきて、制服の袖《そで》をまくりあげた。

左腕には無数の切り傷。太い傷、細い傷が縞《しま》模様になっている。血がにじんでいる新しい傷もある。驚きながら、ユウの顔を見ると、目に涙を浮かべている。

「あたし、自分で自分のカラダを傷つけちゃうんです。リストカットしちゃうんです。ジュンさん、あたしのこと軽蔑しますか? 嫌いになりますか?」

「そんなことないよ。ユウちゃんの話、よかったらまた聞かせてくれる?」

私の返事に、ユウはホッとした様子で頭をペコリと下げて、仕事に戻っていった。

このときから、私とユウは、〝バイト先のチーフと新人の学生の子〟という関係から、個人的なつき合いになっていった。

そのころ私は、千葉県柏市内にある結婚式場の披露宴会場で、週二回ほど配膳スタッフをしていた。ライターの仕事だけでは食べていけないので、配膳のアルバイトを十年くらい続け、新人の子の面倒を見るチーフという立場になっていた。

ユウはそこの新人の一人だった。第一印象は「なんだかビクビクしているなぁ」。キツく言ったつもりはなくても「すみません、すみません、怒らせちゃいましたか？」と謝ってくる。「人の目をやけに気にする子だなぁ」と思ったのを覚えている。

出会ったときのユウは千葉県内の女子大に通う一年生。バーバリーやクレージュといったブランドのお嬢様ファッションがよく似合う。パンツは履かず、スカートにハイヒールというのが、ユウのいつものファッションだ。バッグと財布はヴィトンの高級品でそろえているのも、ユウの雰囲気とよく似合っている。

仕事を教えているときは「はい！　わかりました。またわからないときは教えていただけますか？」と、素直に返事をする。態度は真面目で、でも要領はよくなくて、教えても失敗をくり返してしまうが、そんな不器用で一生懸命なユウが可愛くて、私は近くで見守っていた。

リストカットの告白から、私がユウと過ごす時間は増えていった。バイトがいっしょの日は、ユウを家まで車で送っていく四十分ほどのあいだや、お茶をしたりしながら、話を聞いた。

### ――だれにも言えなかった異様な初体験

ユウが小学三年のときのことだ。ガラスの破片が庭に落ちていた。破片を拾い、太陽に透かしてみた。キレイだなぁーと思ったつぎの瞬間、その破片で自分の左腕を切っていた。痛いのと、気持ちイイのと、不思議な感覚だった。このときの行為をリストカットとは呼べないが、流れる血を見てドキドキしたのを覚えている。

そんなことがあったのさえ、私と話すまで忘れていたのだけれど。

中学二年のときだった。同級生に好きな人ができて、つき合いはじめる。彼氏に「遊ぼう」と家に呼ばれて部屋に入ると、異様な光景を目の当たりにする。彼氏と男友達三人が、アダルトビデオを観ながら、下半身を露出していた。

ユウの耳元で、彼氏がささやく。

「となりの部屋に行こうぜ。おまえとエッチしたいんだ」

逃げたかった。でも、恐怖のあまり、その場から動けなかった。

「彼氏が大好きだから、初体験してもいいかなって思ってた。エッチに興味もあったし……。でも友達もいるし、イヤだって断ったのに、強引にされちゃって。怖くて泣きそうだったけど、抵抗したら、となりの部屋の友達みんなから乱暴されるかもしれないと思って我慢して……。もういいやって感じで……」

つぎの日、学校に行くと、ユウと彼氏の初体験のことがクラスじゅうに広がっていた。となりの部屋で見ていた男友達が、言いふらしたのだ。噂は教師にも伝わり、二人は職員室に呼びだされた。担任の教師は、起こったことを確認しようとはせず、ただ二人に別れるようにと言った。

「もう二重のショックで、放心状態だった。エッチしてるところを見られてたってことも、仲良かった女の友達からは軽蔑されてシカトされちゃうし、噂が広まってほかのクラスの子からも白い目で見られるし、彼氏とは別れることになったし、もう学校には居場所がなかった。親には絶対に言えないし、みんなに裏切られた感じがして、どうしていいのかわからなかった」

この事件のあと、ユウは学校に行けなくなってしまう。

事情を知らない両親は、登校拒否するユウをきつくしかった。母親が学校まで無理やり車で送っていくこともあった。

だれにも事実を言えないまま、一人部屋にひきこもり、ユウはリストカットをするようになる。眉毛を剃《そ》る小さなカミソリで左腕を切った。自分を傷つけることでしか、自分を保つことができなかった。イライラしたり、寂しかったり、悔しかったり、落ち込んだりする自分を傷つけたかった。

痛みはあるが、流れる血を見たら、安心感があった。「だれかに教わったわけでもないのに、自分を傷つけてみたくなった。血を見なきゃ、私は生きてたんだってわからなくなってて……」。切る回数や箇所はだんだんと増えていった。右腕、腿《もも》、お腹、足首、胸、顔、手のひら、首などを切るようになる。

ユウの傷を見た両親は、あわててメンタルクリニックへ連れていった。診察室で話したことは親に伝わってしまいそうで、カウンセリングではすべてを打ちあけられなかった。医師の診断はうつ病。処方薬をだされる。母親も父親も、ユウにどう接していいのかわからず、困っている様子だった。

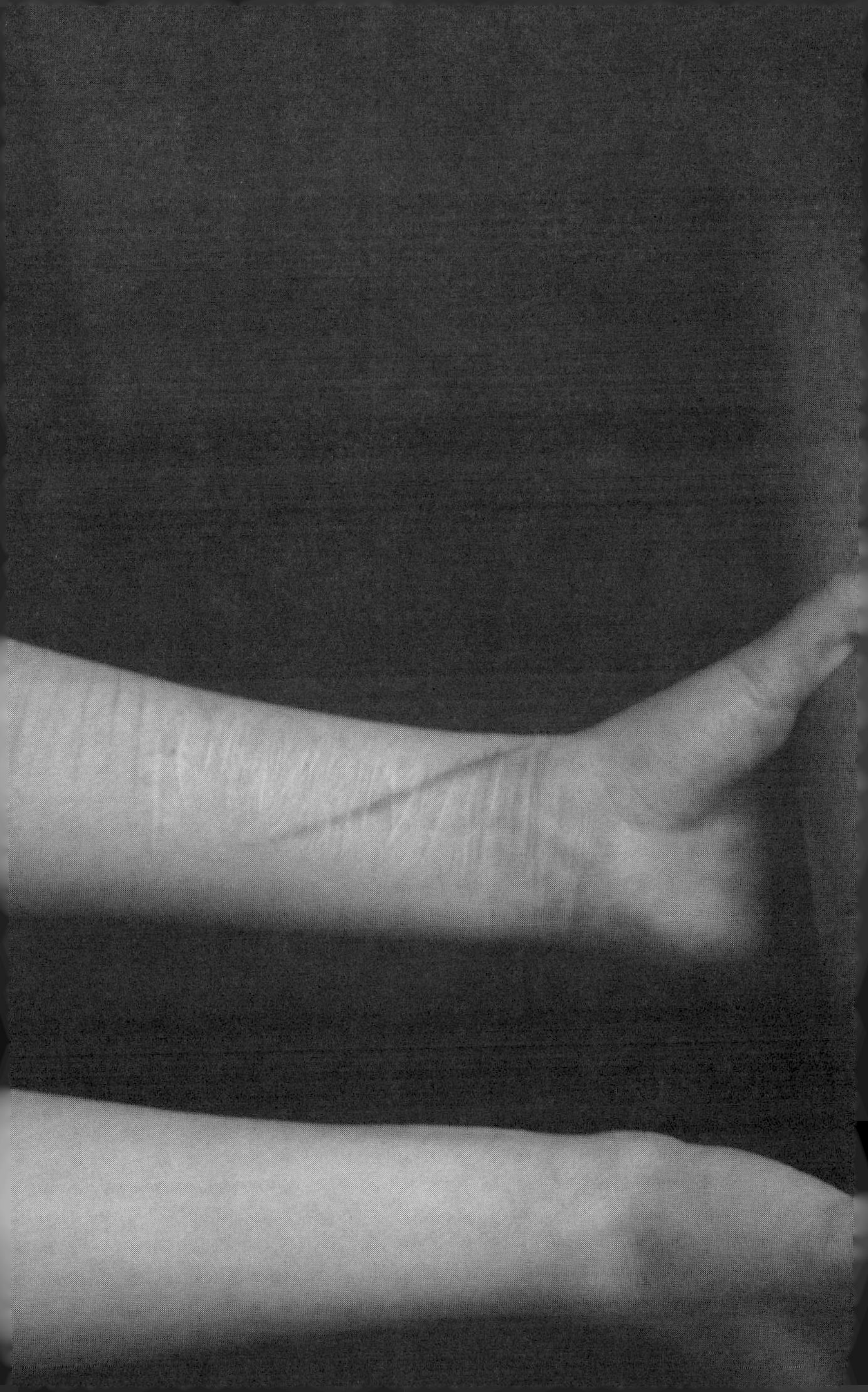

## ――「これが世間一般の反応かなって」

不登校気味のまま月日は流れ、ユウは中学を卒業して、私立の女子高に入学する。担任の女性教師にまずは事情を話そうとしたら、ほとんど聞きもせずに、冷たく言い放たれた。「うつ病とかリストカットなんて言葉、やめてください!! 面倒なことには巻き込まれたくありません。体調が悪いなら、学校には来ないで家で休んでてください」。

「まぁ、ショックですよね。高校入ったら、新たな気持ちで頑張ろうと思っていたのに、いきなり先生に拒絶されてガーンって感じ。ただ、これが世間一般の反応かなーって……。そう思ったら、人の目がやたらと気になって、学校には行けなくなりました」

入学して間もなく、ユウは再び不登校気味になる。月に数回しか学校には行かず、行っても保健室で過ごすことが多かったため、留年してしまう。

二度目の一年生のときは、担任が替わった。その先生はユウのことを親身に考えてくれる女性の先生で、ユウが学校へ行かない日は電話や手紙をくれた。

「病気のことを受けいれてくれて、うれしかった。先生は『いっしょに卒業しようね』って言葉をかけてくれたり、悩んでることをいっしょに考えてくれたりしたから、だんだん行く気になった」

ときには学校へ行っても体調が悪くなり、保健室で過ごすこともあったが、仲の良い友達もできて、すこしずつ学校が楽しくなっていった。

二年、三年と進み、先生や両親もユウを応援してくれて、高校卒業後はエスカレーター式で大学へと入学することになる。

十九歳になった大学一年生のユウが配膳のアルバイトを始めたのは、春。私がユウからリストカットを打ち明けられたのは、同じ会場で働いて何回目のときだったんだろう。たぶん五回目くらいだったと思う。

「なんでだろう……。ジュンさんなら受けとめてくれそうな感じがしたの。自分のこの苦しい気持ちをわかってもらえるんじゃないかなって。親は『やめなさい、みっともない』って言うし、自分でも傷を隠したい。でも、苦しさに気づいてもらいたいって、おかしくなりそうだった」

学校のこと、親のこと、友達のこと、彼氏のこと、将来のこと……。過去のできごとも、出会ってからのことも、食事をしながら、車や電車に乗りながら話をした。ユウからアドバイスを求められたときは、いっしょに悩んで考えた。気持ちがわからないときは、正直に伝えた。それは否定ではなく、わかりあいたいからだった。

仕事中に人から注意を受けたり、遅刻したり、忘れものをしたりすると「自分がムカつくんで家に帰ったら、速攻リスカします」と言って、私と別れることもあった。夜中に「死にたい、いま、リスカしてます。バスタオルが血だらけです」と電話をしてくるときもあった。なにもしてあげられない、頼りない自分の存在に腹立たしくなったりもした。情けなくて、涙が出てきたこともある。

私はそのたびに、自分の想いを伝えた。ほかにどうしたらいいのかわからなかった。

「私はユウちゃんが大好きだよ。いつも人の話を真剣に聞いてくれて『そうなんですね……』って、受けいれてくれる優しいあなたが大好き。だから、どんなユウちゃんでもいいよ。どんなユウちゃんでもOKだからね」

**――「理由を聞いてもらいたかったんだって、ママに伝えた」**

二十歳になったとき、ユウは中二のときのできごとを母親に伝えたくなった。嫌な記憶がよみがえった。でも、不思議と話せている自分がいた。

「あのとき、学校に行きたくても行けなかった理由を聞いてもらいかった。突然、非行に走ったんじゃない、理由があったんだよ。いままで言えなくてごめんなさいって、ほんとうはいちばんわかってもらいたかったんだって、伝えたかった」

時間の経過と、いろいろな人との出会いがユウを大人にした。ユウの話を母親は黙って聞いていた。泣いていた気がする。「ママに話したら、つっかえてたものがスーッて取れた気がして、ラクになれた」と言うユウ。

つぎの日、母親から「あなたの机に、手紙を置いておいたから見てね」と言われた。「あなたがこの世に生を享《う》けたとき、私はどんなことをしてもこの子を一生かけて守っていこうと心に誓いました。早いものでもうあなたも成人して大人への階段を一歩ずつのぼっています。これまでにいろいろな経験をしてきたことでしょう。よいこともそうでなかったことも、あなたが成長していくうえで糧《かて》としてほしいと思います。

そして私から一つだけお願いがあります。けっして人を恨んだり憎んだりすることはしないでほしいと心から思います。ずっと人を恨んで過ごす人生なんてつまらないし……（それは私がいつも心がけていることだから）。人はいつも笑っているほうがいいよ。だれかがきっとみていてくれるから……。優しく信頼できる先生や友達にめぐりあえたこと。あなたにとってなによりの財産だと思います。ほかのだれよりもその点では恵まれていると思います。

生きていくには思いもよらないことの連続でたいへんだけれど……。私はあなたがいてくれたから頑張れました。神様からの贈りものだと感謝しています。頑張らなくていいからゆっくりとマイペースでいこう。お母さんもいっしょだからずーっと……。

生まれてくれてありがとう。（ママより）」

この手紙はユウの宝ものだ。いまだに、何回読んでも泣けてくる。

「ママは私のこと思ってくれてるんだなぁって。いつも厳しいし、うざいって思うこともあるけど、それだけ私を大事に思ってくれてるんだ、ごめんって思えるんです」

## ――自分の力で手に入れた〝生きている実感〟

このころからリストカット行為もだんだんと減っていき、いまでは完全にしなくなった。理由は「自分がかわいそうに思えてきたから」。人と向きあうことで、自分の存在というものを、ユウ自身が感じられるようになったからだと思う。

083

それでも、ユウは葛藤していた。

「人とちがう。みんなのペースに合わせられない。容姿、会話、行動すべてに自信がない。いつも、これでいいのかな、私ここにいてもいいのかな、って思ってしまう。だから、いつでもどんなときでも、生きている実感がなくて……」

ユウに相談を受けた私は、こうもちかけてみた。

「ユウちゃんさ、ふだんは人と話すことに抵抗がないんだし、大勢の前でも堂々としているよね。いまさ、知り合いの劇団で、新しい舞台が始まる話がきてるから、出演してみない？」

それまでも私は、自分が頼まれた講演などで、ユウに体験を語ってもらうことがあった。ユウはこの提案にまっすぐに返事をくれた。

「はい、やります。なんでもやってみます」

大学三年になった春だった。五月にはオーディションを受け、舞台に立つことになった。もちろん、ユウにとって初めての経験だ。公演は八月の二日間。ホールの定員数は六百人、舞台の出演者は約四十人だ。

ユウは稽古《けいこ》中、極度の緊張から過呼吸やパニック状態になり、そのたびにかかりつけの医師から処方された安定剤を飲んだ。

「無理です。私にはできません。みんなができるのに、なんで私はできないんだろう。みんなに迷惑かけてばかりだし、もう逃げたいです」

稽古中のユウから何度も電話がきた。

そのたびに私は「えらいね。つらいのに頑張ってるんだね。でもほんとうにつらかったら、やめていいんじゃないの？　途中でやめて、うちに遊びにきていいよ」と、言葉をかけた。でもユウはやめなかった。理由をたずねると、メールでこう答えてくれた。

「最初は興味半分で、正直やめたくなったら、すぐにやめちゃおうって、軽いノリだったけど、いざ稽古に出てみたら、そんな気持ちは吹っとんだ。みんなすごく一生懸命で、それにほんとうに温かい。温かくて温かくて、ほんとうの家族みたいだから、私もこのなかで、このメンバーで頑張ってみたいって思えたんだ。

私ができないとき、必死に助けにきてくれる仲間がいるって、ほんとうにありがたい。私一人だったらもうとっくにやめていた。私はいつも逃げてた。嫌だったら嫌だやーめた、もういいやって。

でもいまはちがう。ボロボロでも目茶苦茶でも自分は自分で、精一杯頑張ればいいんだ。自分に言い聞かせて、叩き込んで、でもうまくはいかないけど、家に帰ると吐いたりして弱い私だけど、でもくじけたくない。

どんなに小さな役でも稽古を頑張ることが大事なんだよね？　頑張ることに意義があるんだよね？　頑張って乗り越えたあとにきっと、自分に自信がつくんだよね？　それを信じてまた稽古に私は行きます」

仲間がいるから、自分に負けなくないから、やめたくなかった。家族でもなく、友達でもない〝仲間〟という感覚。私はうれしかった。ユウに四十人の仲間ができたこと、つらいのに楽しいと思える夢中になれるものが見つかったこと……。

ユウは自分の努力で〝生きている実感〟を手に入れたのだ。

変わりたいと思っただけでは、変わらない。本気で変わりたいなら、行動するしかないんだと、ユウは感じたはずだ。ユウが欲しくて欲しくてたまらなかったもの。生きている実感と誇れる自分。

公演当日、ユウはどんな涙を流すんだろうか。私はユウのこれからが楽しみで仕方ない。その涙はユウの〝一生の宝もの〟になるにちがいないと、思えるからだ。

# 声にならない叫び――カオリ

## ――街で会わない〝ひきこもり〟の子

結婚式場のバイトが終わり、当時大学一年だったユウを車で送っている途中だった。それまでなにを話していたのか覚えていないが、ユウが急に妹のことを話しはじめた。

「あのー私、六つ下の妹がいるんですけど、妹は私よりひどいんですよ……」

「へぇー、妹さんがいるんだ。ひどいってなにが？　妹さんいま、いくつなの？」

「中一です。不登校で、リスカも自殺未遂もしょっちゅうで、家のなかで暴れるし、親は妹から目が離せない状態で……。とにかく人間嫌いなんです。どうしたらいいのか、家族みんなわからなくて。ジュンさん、妹に会ってくれません？」

そんな会話をしているうちに、ユウの家についた。ユウの家は農家の地主で、広々とした敷地に二軒、父方の祖父母の住む母屋《おもや》と、姉妹が両親と住む家が建っている。

ユウが車から降りて、母屋にいる妹に呼びかけた。

「カオリ、出ておいで！　お姉ちゃんの友達だから大丈夫。敵じゃないよ、あんたの味方だよ!!」

カオリは祖父母の住む家の柱の影から、こちらをじーっとのぞいているが、なかなか顔を見せてくれない。どのくらい時が経ったんだろう。五分、いや三分くらいだったか。車を停めている庭にカオリが来て、ペコリと頭を下げた。

「はじめまして。お姉さんの友達のジュンです。今度、遊びにきてもいいかな？」と話しかけると、カオリはオドオドと私から視線をそらしながら、静かにうなずいた。

年齢のわりに幼く感じるところや、人の目が見られないことが気になった私は、カオリと話がしてみたいと、ユウに頼んでみた。

「対人恐怖症なんで、すぐには難しいかもしれない。でも、カオリの話を聞いてあげてほしいです。話してみるので、待っていてください」

私は正直、怖かった。カオリのなかには怒りと不信が満ちていて、まともに向きあってやりとりすることがほんとうにできるのか、不安があった。ふだん、私は〝街の子〟への取材が主で、ひきこもりの子とはあまり会ったことがない。

このやりとりから何日か過ぎたころ、「今日はカオリの体調がいい」と、ユウから連絡がきたので、カメラマンである夫のケンといっしょに、カオリに会いに向かった。

近くのカラオケボックスで話を聞こうと誘ったら、「近所の方に聞かれたら困るので、家のなかで話をしてもらえますか」と、姉妹の母親に引きとめられてしまう。母親がいる前で話を聞くのはちょっと抵抗があったが、カオリが落ち着くという彼女の部屋で話を聞かせてもらうことになった。

## ――「リスカって悪いことですか？　他人を傷つけるよりも？」

中一の二学期から不登校だった。原因は、親友だと思っていた女の子からの裏切り。

「すごく仲が良くて、ずっといっしょにいたんです。それで家に泊まりにきたんですけど、つぎの日、学校に行ったらよそよそしい態度をとられて、みんなから集団無視されました。理由がわからなくて……、すごく悩みました。自分は人に不快な思いをさせないようにつねに気をつかってたんで……。なんでかなって」

無視が恐くて学校に行けなくなり、部屋にひきこもるようになる。リストカットも始めた。裏切った親友の名前をカミソリで左腕に刻み、何度もくり返し、そこを切った。

一生忘れないように、そして、親友だった彼女がカオリの腕の傷を見たとき「自分のせいだ」って傷つくように、憎しみを込めて、深く刻んだ。

「親は傷を人に見られたら軽蔑されるからやめろっていうけど、リスカって悪いことですか？　イジメたり、暴力ふるったりして、他人を傷つけるより、ぜんぜんマトモだと思うのに」

カオリの左腕には、人からよく見える外側のところに、目立つ傷がいくつもいくつも残っていた。ユウとはそこがちがっていた。切ることが悔しさや虚しさ、自分の想いが伝えられないという感情の証となっていた。

「自分が嫌いで、ムカつくと切って、切って切って罰を与えて、こらしめたくなる。血を見ると、気持ちがスーッって、ラクになるんです」

黙って聞いていたユウが、その言葉に反応した。

「わかる、わかる。お姉ちゃんもだよ。初めて聞いたよ、カオリの気持ち。死にたくて切っているんじゃなくて、生きてくためにリスカが必要なんだよね」

今度はカオリがユウの言葉にうなずいた。

「人に対して、自分の想いを言葉や態度で表せたらどんなにラクか……」。二人は、何度もそう思ったはずだ。

姉妹の母親はいつのまにか、部屋からいなくなっていた。親の気持ちを思うと、胸が痛んだ。大事な子どもが自分のカラダに傷をつけ、血によって癒《いや》され、生かされている現実。

彼女たちに、私はなにができるだろう……。彼女たちの心の叫びを、やっと口にする言葉を、発することができない声を……。どう受けとめ、なにができるのか。なにかに怯えて震えている彼女たちを目の前に、ずっと考えていた。

生きることが怖いのかもしれない。自分らしく生きたいのに、受けとめてもらえず否定されてしまうことに怯えているのではないか……。その声をありのままに受けとめて、こういうかたちでしか自分の痛みを表現できない彼女たちの存在を伝えていくこと。それしかないと、私は強く思いはじめていた。

## ――自傷する気持ちを知りたくて

リストカットという行為を私はしたことがない。

手の甲の見えるところに火のついたタバコを押しつける〝根性ヤキ〟と呼ばれる行為

は中学生のときにしたことがあったが、友達がしていたから仕方なく、私も火をつけるような感じだった。痛くて泣きそうだったけど、手の甲に根性ヤキでできた小さな傷跡をみたとき、自分がヤンキーになれた気がして、ヤンキーとしてカッコつけるためには必要な〝証〟なんだって思い込んだ。

痛みに弱い私は、リストカットをするカオリやユウの気持ちを何度聞いても理解できないでいた。

カオリの傷は深く、カミソリ以外にも、包丁やタイルなどで自分のカラダを切り刻みつづけていた。「もっともっと自分を傷つけたい」と口にする彼女の気持ちがわからなかった。でも、だから知りたくて、それからも私は、カオリやユウと多く過ごそうと、できるだけ時間をつくった。

そのころ、二階の部屋の窓から飛び降りようと身を乗りだすカオリを、母親とユウで押さえて一命を取りとめたことが何度もあったようだ。

「生きている意味がわからなくて……、本気で死のうとしてました。なにもできなくて、不登校で寝ている自分が大嫌いだったから」

時は過ぎ、カオリは十五歳になった。中三になってから十日間しか学校へは行かなかったけれど、親の希望で、無受験で同じ学校の高校部に進学が決まった。別の中学から入ってくる子もいることだし、新たな学校生活が始まる期待に胸をふくらませていた。

でも教室に足を一歩ふみ入れたとたん、息が苦しくなった。

「人がすごく怖くて……。まわりはみんな友達がいて、話とかしてるんですけど、私は中学から不登校だったんで。私だけ友達がいなくて、孤立していっちゃったんです」

入学してすぐ、カオリは高校へ行かなくなる。

だがこのころになると、カオリは私にもだいぶ慣れて『VOICES』主催のイベントや講演会などに参加してくれるようになっていた。以前は、当日になると体調が悪くなって約束の場に来られないことが何度もあったが、だんだんと一人で電車に乗って私との待ち合わせ場所に来られるように変わってきていたのだ。

カオリはずっと〝ふつう〟になりたがっていた。カオリが考える〝ふつう〟とは「学校に楽しく通えて友達づき合いもきちんとできる人」のことだ。学校に通えていないという意味では、カオリはまだ〝ふつう〟ではなかったが、友達づき合いに関しては、だいぶできるようになっていた。

## ——「私もなにか変わらなきゃ……」

かけだしのライターだった十九歳のころ、私をプロレス会場に連れていってくれた人がいた。初めて見たとき、それまで興味のなかったプロレスという世界に私が関心を抱いたように、カオリもプロレスではなくてもいいから人に、生き方に興味をもってくれたら……と、私は心の片隅で思っていた。

そんな気持ちから、当時つくっていた『VOICES』四号の「人生の表現者」というページで、デビュー直前の十七歳の高校生レスラー、大畠《おおはた》美咲を紹介した。

「中学のころはひきこもりで、人の目を見て話したり、人前に出るのが苦手で、気がつくと教室ではいつも一人ぼっちだった。性格だから仕方ない……って思ってたけど、ほんとうはこんな自分がイヤでたまらなかったんです。自分を変えたいって、思った。それでまず苦手なことをしようって思ったんです。いちばん苦手なことが人前でなにかをすることだったので、オーディションを受けてみようって思って、プロレスの世界に飛び込んだんです」

たまたま見たオーディションサイトに、女子プロレスラーの募集があった。大畠にプロレスの知識はなく、試合を見たこともないし、興味もなかった。タレントでもなんでもよかったが、募集があったプロレスに応募することにした。「自分を変えたい」という一心で。

そんな大畠のデビュー戦を、カオリと観にいきたいと思い、チケットを渡した。私のなかで、カオリと大畠に共通するなにかがある……と、感じるものがあったからかもしれない。変わるきっかけを、大畠ならカオリに与えてくれるような気がした。

試合結果でいうと大畠は負けてしまったが、百五十五センチ、五十三キロの大畠が必死に戦う姿は観ている人たちの記憶に残り、カオリも感動したと言ってくれた。

終わったあと、会場の外でファンの子たちと記念撮影をしていた大畠が、カオリの姿を見つけて声をかけてくれた。同年代の二人はすぐに意気投合し、メールアドレスを交換していた。私の願いが通じたようで、なんだかうれしかった。その後もカオリは、大畠のブログにコメントを書いたりして交流を続けていた。

数か月後、カオリといっしょに大畠の練習場を訪ねた。真剣な表情で練習する大畠を、真剣な瞳で見つめるカオリ。大畠は、カオリが初めて会った試合のときとは見ちがえるほど、表情が明るくなっていた。カオリも大畠の変化に気づいたのだろう。

「私もなにか変わらなきゃ……」

カオリの小さなつぶやきを聞き逃さず、言葉をかけた。

「いっしょにプロレスやる？」

「エーッ!!」と大声を上げて、笑いあう二人。でもその後、カオリは自分の意志で、プロレスの練習に参加することになる。

## ――「自分の好きなことが見えてきたから」

私は正直、ビックリしていた。この数か月でやっと外出に慣れてきたカオリが、さらに壁を飛び越えて一人で新しい居場所を見つけて挑戦しようとしていることに。

このころから、カオリにはっきりとした変化が現れていた。

いままでも仲の良い中一からの親友が、カオリの腕にある傷をチラチラ見ているのに気づいた。それからは「ふつうの人から見たら気持ち悪いんだろうなぁ」と思い、リストカットもやらなくなっていた。

さらに、七十六キロある体重を減らそうと目標を定め、毎晩二時間ずつ歩きはじめた。ダイエットをしようと思ったのは「どうしても自分が嫌いで変わりたかった」からだ。

「リスカのことでいっぱいになってた頭を、頑張ってダイエットだけに切り替えました。いちばん早く変われるのは外見かなって思ったんで……」

雨の日も風の日も、体調が悪い日も歩きつづけた。結果、体重が五十三キロになり、目標を達成することができた。

高校へ行きたい気持ちもありつつ、まだ行けずにいるが、大畠も通うジムでのプロレスの練習には、電車を乗り継いで週二日通っている。女だけの熱い闘いをくり広げる興行「息吹」を主催する吉田万里子選手も、カオリのひたむきな姿に目を細める。

「無理しないでいいよ、って声をかけるんだけど、休まないの。ひきこもりだったから身体がなまってるって言ってるわりには、根性ありますよ」

身体を動かしたり、練習日に参加したり、先輩レスラーとしゃべったり、笑ったり、ときには落ち込んだり……。みんなとともに汗を流し、楽しく過ごしているカオリ。

「今度は中身を変えたいです」

人それぞれの青春のかたちがある。学校へは行けないけれど、プロレスの練習に参加しながら、苦手だった大きな声をだせるようになり、いろいろな人と関わり、さまざまなことを経験する青春があったっていいと思う。

「試合に勝つ強いレスラーよりも、人の痛みがわかるレスラーのほうが、プロレスを見てる人に感動を与えられるんだよ」

吉田選手の言葉。人としての魅力がないと、人に感動は与えられないということ。


カオリは最近、〝ふつう〟の子になりたいとは思わなくなった。

「自分の好きなことが、すこし見えてきた気がするからだと思います。みんなでお話とかリング片付けをしているのが楽しくて。練習してすごくキツくてやめたくなることもあるけど、やっぱり行くと楽しいんです。先輩たちも『体調大丈夫？　元気になってよかった』って声かけてくれて。すごくうれしくて……。人間ってこんなにいいものなんだなって、あらためて思いました」

いまでも練習の前日は緊張して眠れず、当日になると行きたい気持ちはあるのに身体が重くなり、気分が悪くて行けなくなることがある。そんなときは「死にたいというよりは消えたくなる」と、涙声になるカオリ。

でも、これからさまざまな出会いが、十七歳の彼女の心に変化を起こし、光を照らしてくれるだろう。

## ◎彼女たちの話を聞く人として

取材で出会う子たちの、ほんとうに驚くほど多くがリストカットをしている。

「心をなくすのが怖いから、また切っちゃった」

「切るのは自分に対する責め心」「痛みでしか寂しさや苦しさをぬぐえない」

「その一瞬で忘れられた。親のことも、家族のことも」

「カラダは生きているけど、心はカラッポだった」

この子たちの声をただ聞き、伝えることしか私にはできない。

「危ない子は専門家にまかせたほうがいいのでは」「死にたい、自分を傷つけたいという言葉を引きだして伝えて、責任がとれるのか」と言う人もいる。それでも私は、他人だけど「彼女のことをわかりたい」と思っている存在があるってことを、彼女たちに伝えたい。

〝救う人〟でも〝止める人〟でもないけど、こんな私でよかったら話を聞かせてください、というのが私のスタンスだ。

『夜回り先生』の水谷修さんのことは尊敬しているけれど、私は先生ではない。彼らのお母さんでもない。だからこそ聞けることもあると思っていて、〝無関係〟な私にだから、言えることもあるんだと思う。

つぎつぎと携帯サイトの〝リアル〟で心境のつぶやきを書き込むように、私にそのときのリアルをメールで送ってくる少女たち。だがそれらを読むと、彼女たちがサイトに書き込むつぶやきとは別人のような内容に驚かされる。サイトでは家族や友人の目を気にして、本心を隠してしまっているのかもしれない。

「親にも友達にも言えない」「親に傷を見つかって『カッコつけてるのか』と言われてなにも言えなかった」「見捨てられるのが怖いから」「お母さんには幸せでいてもらいたいから」


つらい話を毎日のように聞きつづけて、つらくないかとも言われる。

ある意味、自分は鈍感で冷たいのかもしれないと思うこともある。たくさんの壮絶な話を聞いても、けっきょくのところ、他人ではどうすることも、背負うこともできないのをわかっているし、その子のつらさはその子自身のものだから、私が引きずることもない。けれど、つねに痛みは感じている。

## 《VOICESマガジン始動》

### ▼声を、書いて、伝えたい

私が十八歳のころ、文章の師匠となった栃内さんや、文章を書くことを勧めてくれた雑誌編集長と出会って、新しく世界が広がったのだが、すぐにやりたいことが見つかったわけではない。

栃内さんや編集長には、いろんなことをやらせてもらった。美容の専門学校を卒業してからは「ヘアメイクの仕事に就《つ》きたい」と言って、せっかく仕事を紹介してもらったのに「やっぱつまんない」と辞めたり、歌をうたいたいってバンドを組んだのに「やっぱちがった」と気づいたり、「おまえ、ほんとうに飽きっぽいな、迷惑だよ」と、あきれられていたものだ。

そんな私が、「文章を書いて伝えたい」ということを、はっきりと意識するようになったのは、ある一つの仕事がきっかけだった。

そのころ、私は全国の暴走族やレディィスを紹介するビデオのレポーター役をしていた。最初はもらった台本を見て、こんなふうにやりとりするんだという感じで楽しんでいたけれど、取材に行けば行くほど、「これは台本がないほうが、おもしろいんじゃないか」と思うようになってきた。

女の子たちは、みんなそれぞれに物語があってレディスをやっているのに、毎回まとめが「気合い入ってます」のひと言じゃつまんないよ、って思った。私が伝えたいのって、こういうことじゃないよなと思い、そのフラストレーションがたまっていった。

ある取材で、待ち時間にスタッフが持ちものなどを撮影しているときに、レディスの子たちに「なんでレディスやってるの？」って聞いてみたら、「じつは彼氏がバイクで死んじゃって」などといろいろ話してくれて、「だから彼女はいま、ここにこうやっているんだな」って、私なりに納得することができた。

私はそれを文章で書きたい、と思った。「雑誌のほうで連載させてほしい」と編集長に相談したところ「ほんとうに書けるのか？」と聞かれ、「いや大丈夫、こういうおもしろい子がいるから」と説得して、一年半ぐらい連載するようになったのだが、これが私が自分で書きたいことを見つけてきた、最初の仕事だったんじゃないか。このころから、〝元レディスのジュンちゃん〟から、ライターの一人という扱いを受けるようになってきたんだと思う。

## ▼「できっこないよ」と言われながら

フリーペーパーをつくりたい、という考えが私のなかに最初に芽生えたのは、いつのころだったろう。ラジオ番組に出たり、レディスの取材をしたりするなかで、私はアウトロー的な生き方をしている女の子たちに興味をもつようになっていった。でも、通常のライターの仕事は、その雑誌や依頼の趣旨に沿って原稿を書くので、私が伝えたいことをそのまま伝える、ということはなかなかできない。自分の媒体をもちたい、という想いがだんだんとふくらんでいた。

じっさいに「フリーペーパーを発刊しよう」と決意したのは、ユウとの出会いがきっかけだった。

先ほども書いたように、ライターの仕事を始めた二十歳のころ、私は結婚式場で配膳のアルバイトをしていた。そこでいっしょに働いていたのは、十九歳から三十歳くらいまでのいろんな女性たちで、話を聞いてみると「え、そんなこと経験しているんだ」と驚くような子が多かった。ユウも、その一人だった。

ユウが袖をまくりあげたとき、隠れたところにある傷を見て、「こんな不器用なやり方でしか、自分を表現できない生き方もあるんだ」と、私は衝撃を受けた。それまでもリストカットする子たちは知っていたけれど、見えるところの傷しか見たことがなかった。隠れた傷は〝声なき声〟だ、と思った。

「ああ、私はやっぱりこういう子たちの声を伝えていかなきゃ……」という意識が、このときはっきりと芽生えたんだと思う。

そうして発刊させたのが、いまも私たちがつくっているフリーペーパー『VOICESマガジン』だ。〝キミの声を伝えたい〟という想いから「声＝VOICES」と名づけた。二〇〇六年二月、記念すべき第一号が発行された。

こんなふうに書くと、『VOICES』が難なく誕生したように見えるかもしれないけれど、実現するまでの道のりは、いろいろと険《けわ》しかった。

最初は、私が寄稿していた雑誌の編集長に「こういう女の子とか、こういう子たちがいるんだけど、なにか書けるところない？」と聞いてみたら、「そういう真面目なネタは、うちの雑誌じゃやれないよ」とあっさり断られ、今度は「こういう話を書ける雑誌をつくりたいんですけど、どうしたらいいんですか？」と相談してみた。すると、またあっさりと「おまえ、無理だろう。雑誌なんか、つくれねえよ」。ほかの人にも、

「できっこない」と言われた。

それでも、とりあえず想いをかたちにしてみようと思った。カメラマンである夫のケンがいて、ライターの私がいるのだから、あとはそれを目に見えるかたちにデザインしてくれる人が見つかればいいと。

ケンの知り合いをたどって、いろいろな作品を見せてもらうなかで出会ったのが、いまもいっしょに『VOICES』やこの本をつくってくれている、中山正成さんだった。ああ、この人がいい、この人がつくれば、マイノリティーな生き方をしている子も、そうじゃない子も、広い範囲の人たちに手にとってもらえるものができる、と思った。

さっそく「こういう本をつくりたいので、つくってください」と頼んでみたら、「わかりました」と引き受けてくれた中山さん。二〇〇五年秋のことだった。

そうしていざ制作を始めようと、当時協力を申しでてくれた人たちと話し合ったところ、いろんな意見がでた。「それは無理でしょう」と言う人もいたし、「これ、どうするんですか？　販売するんですか」とか、「どうやってこれを広めていくんですか、書店に置くつもりですか？」と聞く人もいた。全員、正論だったし、話し合いは混沌《こんとん》として、途中で帰ってしまう人もでてきた。

そんななかで、中山さんは言ってくれた。「でも、とりあえずつくりましょう。つく

キミの声を伝える
VOICES
ボイス
Life Expressionist
家族
第5号
TAKE FREE
第2

らないと、始まらないですよ」って。忘れられない一言だ。

立ちあげてからも、いろんなことがあった。よく聞かれることだが、通常『VOICES』は広告をとらず、私とケンが自腹を切って制作してきた(映画とタイアップして制作した号もある)。もうアルバイト、アルバイトでお金をためて、印刷の当日にお金を用意したこともあった。「ああ、できたよ」ってお金を数えて、「やったー、印刷ができるんじゃない?」なんて言って。

ちなみに現在は、私たちの活動に共感してくれた印刷会社・ハタ技術研究社が、無料で『VOICES』を刷ってくれている。取材スタッフも、ボランティアだ。ほんとうに、ありがたく思っている。

# 〈3章〉
# 夜の彷徨《ほうこう》

# 夜の街で見つけて——チサト

## ——空白のメッセージ

活動報告の場を兼ねて、日々の出会いで感じたことや、その日あったことを伝えるブログを始めた。以前から続けている掲示板（現在は停止）には書けないけれど、私に伝えたいことがあったり、個人的にやりとりをしたいという場合には、ブログの管理人の私に直接メールを送ることもできる。

ブログは、私の毎日の小さな出会いの場となった。

ブログ専用のメールアドレスに、無題、空白メッセージの新着メールが届いたのは、今年の三月二十九日のこと。一瞬、だれかの悪戯《いたずら》かなって思ったけれど、表示されているアドレスは「k.i.m.i.w.o.t.a.d.a.a.i.s.h.i.t.a.i……」という言葉。「キミヲ、タダ、アイシタイ……」、なぜだか私をドキリとさせた。「私という存在に気がついて……」って訴えている気がしたからだ。

以前、ブログにこんな書き込みがあったのを思いだした。

「あたしを見つけて……」

わかっているのは「書き込んだだれかが、いま渋谷を歩いている」ということだけ。私は見つけたくて、渋谷の夜の街を探した。あてもなく、走った。でも、たどり着けなくて、けっきょく会えなかった。

そのときの想いと重なって、「キミヲ、タダ、アイシタイ……」さんには「声、私に届いたよ。あなたを見つけたいよ」って伝えたかった。ひょっとしたら叫びたいのに声にならなかった、無言のSOSなんじゃないかって思ったから。

「メール送ってくれたかな？　ありがとう。よかったらまたしてね」と返信してみると、「ごめんなさい」という題名で、メールの送り主、十八歳のチサトという女の子からすぐに返信があった。

「いえっ(>_<)　日記を見ていたら、まちがえてメールを送ってしまいました(;ω;)　しかも夜中にもパソコンのほうにメールを送ってしまいました……。お忙しいのに迷惑かけて、

ごめんなさい(;_;)　ですが橘さんからメールがきて、すごくうれしいです(*^_^*)　メール、ほんとうにごめんなさい;」

パソコンに送ったというチサトのメールも、開いてみた。

「まえに、テレビのニュース番組を見て橘さんのことを知りました。テレビで橘さんを見たとき、私は涙が止まりませんでした。

私は高校一年のときに何度か家出をし、夜の街を制服姿でウロウロしていました。ですがそのとき、私に話しかけてくれた人はみんな、私のカラダが目的の人たちばかりでした。風俗のスカウトもされました。制服姿で夜中の十二時を過ぎていたのに、交番の前を通ってもお巡《まわ》りさんになにも言われなかったです。

もしもあのとき、橘さんのような方にお会いできていたら、高校一年生の私は救われたのでは……と、過去のことなのに思ってしまいます。この世界は暗くて怖くて腐っているから……。だからどうか、橘さんのような人で世界中が、いっぱいになってほしいです。お忙しいのに長文のメールを送ってしまい、ごめんなさい。これからも、お身体に気をつけて頑張って下さい。応援しています。

もし、夜の街でお会いできたら、話しかけてほしいです」

偶然を待ったりせずに、そのままにチサトに会いたいって思った。

## ──「これで来月も生きられるって思えた」

会う約束ができたのは、メールから三日後のことだった。東京都内に住むチサトとの待ち合わせは、高田馬場駅の改札口。

約束の時間、そこには可愛らしい少女の姿があった。真っ白い服がとてもよく似合う、〝ふつう〟の可愛い女の子。化粧もしていない。チサト自身、「私、ふつうなので会ったらがっかりさせちゃうかも……」と言っていたのだが、私はノーメイクの女の子に慣れていないせいか、微妙に緊張してしまった。

話は近くのマクドナルドで聞かせてもらった。翌日が大学の入学式だというチサトは、新しい生活への不安をのぞかせながらも、たえずニコニコと笑って私の問いかけに答えてくれた。とくに大きな悩みなどないのかな、と思って聞いていたが、それが都合のよい思い込みだったと気づくまでに時間はかからなかった。

高校のころの話になると、彼女の顔から笑顔が消え、視線は宙をさまよい始めた。

「一年の三学期のころ、『もういいかなー』って思っちゃって、教室のベランダから飛び降りようとしたんです。当時、好きだった人から『もう関わるな』って言われて。見捨てられたなら、もういいやって、二階にある教室のベランダの手すりに腰かけたの。

立ちあがって飛び降りようとしたら、先生に見つかって『手すりから下りなさい』、『イヤだ！』って押し問答になって……。好きな人って、数学の先生だったの。その先生を呼んでくれって頼んだんだけど、先生は来てくれなかった。でもほかの先生が来てくれて、じつはいまの彼氏なんだけど……。なんだか落ち着いて、手すりから下りたの。パニック状態だったから、救急車へ乗せられて、心療内科のある病院へ運ばれたの」

目の前にいる〝ふつうに可愛い〟チサトの印象と、話の内容とがかけ離れていたので、一瞬、ついていけなくなった。もしかしたら、口をポカンと開けてしまっていたかもしれない。私は動揺していたが、チサトがそれに気づいたら話しづらくなると思ったので、黙って聞いていた。

「家出も高一のときかな。そのころ、お母さんとよくケンカしてて、電話したらお母さんがなんか怒ってるから家に帰りたくなくて。寒かったけど、とりあえず行き慣れてる渋谷を制服のまま、ぶらぶら歩いてたの。それから渋谷から池袋に移動したんだけど、行くあてないのに終電なくなっちゃって、心細かった。

声をかけてくれる人は、ただカラダ目的の男の人ばかりだし、どうしていいかわからなくて公衆電話から先生に電話したら、『警察に保護してもらえ』って言われて、仕方なく交番へ行ったの。夜中二時過ぎてたと思う。お巡りさんから『悩みがあるなら、昼間来なさい』って言われて。けっきょく親が呼ばれてタクシーで帰ったけど、昼間に交番へ来る元気があるなら、夜中ウロウロしてないよ！　って、ムカついちゃった」

話し疲れたのか、そこで一息つくと「いろいろあって……」と、照れくさそうに笑った。高校二年のときに通信制の高校へ転校し、今年三月、無事に卒業を迎えた。大学では過去の経験を生かして心理学を学びたいと思っている。

「大学で友達ができるか、不安で……」と言いながらも、チサトは希望に満ちているようで、最後は明るい気持ちでバイバイした。

別れた直後、彼女からメールが届く。読んで、自分の鈍感さが情けなくなった。

「じつは私、三月三十一日に死ぬって決めてたんです。高校生になってから、何回も自殺しようとして手首切ったり薬を大量に飲んだり……。だから最後にただなんとなく

『まえにテレビで見た、夜回り姉さんにメールしてから死のう。そしたら思い残すことはない』、そう思ってメールを送りました。さっき言えなくて、ごめんなさい。でも橘さんが『会おう』って言ってくれて……すごくうれしかったんです。これで四月も生きられるって思えたんです。

橘さんと会えて、ほんとうにうれしいです(ケンさんとも)。こんな私ですが、これからもよろしくお願いいたします。いつか『VOICES』専属カウンセラーになれるように頑張ります」

テレビで見ただけの、会ったこともない私が、チサトの生死に関わっていたなんて……。衝撃だった。私なんかが? でも〝私なんか〟という存在が、ほんとうにチサトをつなぎとめられたのだったら。私のほうこそ、チサトと出会えたことに、感謝したかった。メールを送ってくれてありがとう、って気持ちで胸がいっぱいになった。

チサトとはその後もメールのやりとりを続け、ケンと相談して、彼女の姿を毎月、カメラに収めようということにした。単純だが、そうすれば毎月チサトと会う約束ができるし、彼女の心の変化を見守ることもできると思ったからだ。

そんな矢先、チサトから携帯に泣きながら電話がかかってくる。

## ――「どんな結論だしても、ママはチサトの味方」

「どうしようジュンさん、生理がこなくて検査薬やってみたら、線が入っちゃって」チサトと二人暮らしの母親が、チサトの生理の遅れを心配して市販の妊娠検査薬を買ってきてくれた。試してみた結果は、陽性。妊娠の可能性がある。

「彼氏はなんて言ってるの？」と聞いてみると、泣いているチサトに対してなにも言わず、ただ黙っているらしい。腹が立ってきた。彼氏は三十代の公務員という、立場もあるいい大人。その彼氏が十八歳の女の子を妊娠させ、パニック状態の彼女になんの言葉もかけてやれないなんて……。電話のあと、チサトからメールが届く。

「さっきはいきなり電話して、ほんとうにごめんなさい……。あのあと、彼氏に電話しました。『いまからウチまで来て』って言ったら『えっ？　いま？』って言われて、けっきょく来てくれませんでした。私が泣いてたら『なんで泣くの？　悲しいことじゃないじゃん。それに病院行かなきゃわかんない。初期は流産しやすいから、流れるかもしんないし。泣く意味がわからない』って……。本気でイラついたんで『最低』って泣き叫んで、また電話切っちゃいました。それから連絡ナシです……」

こんな状態のチサトに彼氏は会いにこようともしないとは、なんて冷たい、自分勝手な男なんだろう。不安で動揺しているチサトにいますぐ会いに行って、抱きしめたかった。「家にいづらいようなら、うちにおいで」と私がメールすると、返事がきた。

「ありがとうございます(;_;)　彼氏は、ほんっとに頼りないです。これからどうしよう……。明日、学校で健康診断があるんです。胸部X線検査とか尿検査とかあって……。いま、お母さんからメェルがきました。思わず泣いちゃうくらい、うれしいメェル」

そして、母親からのメールが添えられていた。

「線クッキリならたぶんできてるよ。チサトのことだから、自分で決めてね。どんな結論だしても、ママはチサトの味方だし、ママはママの命かけてもチサトを守るよ。心配しないでいいから！　明日学校行かれそう？　寝られるなら早く寝たほうがいいよ」

さすがチサトの母親だなぁ、どんな結果になろうとチサトは大丈夫だ。そう思い、安心して胸をなで下ろした。妊娠はどちらかが一方的に悪いわけではなく、どちらの責任でもある。避妊しなければ妊娠の可能性があることくらい、チサトだってわかっていたはずだ。だが、チサトに聞くと、彼氏のほうが避妊を拒《こば》み「中出ししないから大丈夫だ」と言ったらしいのだ。さらに「できたら結婚すればいいじゃん」とも。

母親といっしょに産婦人科へ行き、診断を受けたあとも、メールをくれた。

「病院に行ってきました。いま、七週目で出産予定が十二月って言われました。もし産んであげられないのなら、四月末に手術になります……。ジュンさん、どうしよう……。これから彼氏とママと三人で話し合います」

## ——宿った命が彼女に教えてくれたもの

話し合った結果、彼氏は中絶同意書に黙ったまま、サインをしたという。いったい彼は、なにを考えているんだろうか？　できることなら彼氏にひとこと言ってやりたかった。「いい大人が逃げてんじゃないよ!!」って。

「あの人は……なにが言いたいのかわかりません。もう嫌です。別れたのに向こうから、まだ結婚したいってメールがきて……この人から逃れたいです。私のお母さんがその人に対して、すっごく怒ってて。私もすぐに中絶同意書にサインするとは思ってなかったので、かなりショックでした……。今後どうするか……考えても考えても答えがでなくて、どんどん毎日が過ぎてます」

このままでは、お腹の子はどんどん大きくなっていく。チサトに問いかけた。

「一年後はなにしてるって思う？　どんなふうになりたい？」

「ママになってるかな？　それとも大学で勉強してるかな？」

私はいつでもだれに対しても同じ気持ちだが、その人が選んだことを、応援したいと思っている。チサトが決めたことを応援したいから、彼女に聞く。チサトにしかわからない、ほんとうの気持ちを。

「『自分のなりたい未来』かぁ……。せっかく大学入れたし、続けたい気持ちはあります。彼氏と結婚する気は……正直ありません」

お腹の子についての答えはなかったが、そう簡単には決められないんだろう。

チサトはこのとき初めて〝命〟に向きあったのかもしれない。命の重さ、生と死を否《いや》応《おう》なしに考えさせられたんだと思う。宿った命がチサト自身に、彼女が生きているということを、現実を、母親の愛を、命の尊さを教えてくれた。

それでも私は、しつこいようだが、彼女が悩んで決めたことを応援したい。この気持ちだけは、どんな結果になっても変わらないと思う。

# 家なき少女——アイ

## ——歌舞伎の路地での再会

人生にはなんらかの悲しみによって「もう終わり……」と嘆きたくなる場面がときどきあるけれど、不思議なもので新しい視点が与えられると、新しい道が開けたりもする。そんな展開を祈りつつ、街で出会った行き場のない子どもたちの一時保護の場となる空間が欲しかった私たちは、その夏から年末にかけて、新宿ゴールデン街のロックバー「Ｈａｐｐｙ」で、毎週土曜日だけ夫婦でマスターとして働いていた。

十一月も終わりに近づいた、ある夜のこと。その日はお店がヒマだったので、いつものように街の周辺を歩き、出会いを探していた。ラブホテルとホストクラブが立ちならぶ路地を歩いていると、ホストらしき男性と連れ添う、肌を露出した派手な服装の女の子が目についた。

「冬なのにあんなに肌をだしてて寒くないのかな。新宿で働いてる子かな」と思いながら、女の子とすれちがった瞬間、私は思わず声を上げた。

「あれ、もしかしてアイちゃん？」

「あー、ジュンさん」

彼女も私に気づいた。アイと連絡がとれなくなったのは、たしか春ごろだ。教えてもらっていた携帯番号とメールアドレスが突然、使えなくなってしまい、警察に捕まったのか、それとも地元に戻ったのか、最悪の場合、ホストに飛ばされた（店代のツケを払うために風俗で働かされること）んじゃないかと心配していたのだ。

「アイちゃん、連絡してもつながらないから心配してたんだよ、どうしてた？　いま、どこにいるの？」

「いろいろあって……。あたしも連絡したかったけど連絡先がわからなくて。いまは西新宿にいるんだけど、家賃高くて払えなくて、どうしようかって悩んでる」

となりにいるホストらしき男性がアイに言葉をかける。

「えっえっ、知り合いなの？　どんな知り合い？」

私も彼に声をかけた。

「ホストの子かな？　アイちゃんのバッグ持って彼氏なの？」

「ホストだけど彼氏じゃないよ。私の炊事洗濯を担当してるだけ」

アイが笑って答える。

「僕、結婚したらかなりいい旦那になれると思うんっすよ。で、二人はどんな知り合いなの？」

「ほら、言ったじゃん。渋谷にいたとき、本をつくってる人と知り合ったって。すごいんだよ、テレビにも出てるんだから」

キョトンとしている彼の返事を待たずに、私はアイに言葉を続けた。

「とにかく、また会えてよかったよ。歌舞伎に来るたび、アイちゃんがいるんじゃないかって探してたんだけどね。私は番号もアドレスも変わってないし、なにかあったら連絡くるだろうって思ってたんだ。あっ、これ『ＶＯＩＣＥＳ』最新号。よかったら読んでね。とりあえず新しい携帯の番号とアドレス教えて」

アイの携帯からデータを赤外線で送ってもらう。仕事や生活が落ち着かないのか、会わなかった半年のあいだに、源氏名が「れぉな」から「キャンディ」に変わっている。

「いまからどこに行くの？」

「えーっと、ホスト（クラブ）」

「そうなんだ。でもお金ないんでしょ？　ホスト行ったらお金かかるじゃん」

お人好《よ》しで、場の雰囲気に流されやすいアイの性格を知っているから心配になって、ついきつく言ってしまう。ホストの彼にも、「彼女には東京に住んでる知り合いがいて、困ったときは相談できる大人がいる」ってことを示したい気持ちがあったかもしれない。

「えっ、あーっ。大丈夫。お金一円もかからないから……、ねっ？」

「一円もかからないってことはないよ、さすがに」

ホストの彼が苦笑いする。

たまたま通りがかった道端でアイに会えるなんて、なんという偶然だろう。ずっと会いたいと想いつづけていたから会えたのかな。そんなことを考えながら、「また連絡するね。なにかあったら連絡してね」と、その場を別れた。


**――「いままでのことを全部忘れたくて、東京に来た」**


アイと初めて出会ったのは、この年二月の寒い冬の日だった。

金髪に短いスカート、左手に携帯を持って、渋谷のセンター街を歩く一人の少女。そ

RED

の姿に、目をひきつけられた。正直、渋谷が似合っていないなーと、思ったのだ。〝日本一オシャレでイケてる若者が集《つど》う街〟という渋谷の雰囲気から、アイは浮いていた。携帯を片手にキョロキョロしながら歩く彼女は〝家出してきた少女〟のように、私には見えたのだ。

彼女が携帯を切った瞬間、私はアイに駆《か》けよって話しかけていた。

「あの私、『VOICES』というフリーペーパーをつくっていて、よかったら話を聞かせてくれないかな？」

アイはパチパチとまばたきしながら、黙ってうなずいた。近くのマクドナルドに入って話を聞くと、秋田県から三日前に出てきた十八歳だという。

「ヒマだし、お腹がすいていたから、出会い系サイトに『十八歳です。だれか遊んでください』ってメッセージを入れたら十分くらいで返事がきて、渋谷で待ち合わせしたの。でも渋谷は初めてだから、場所がわからなくてウロウロしちゃった」

アイは家出をしてきたわけではないという。「十六歳のころから一人暮らししてたから、家出じゃない。全部いままでのことを忘れたくて東京に来た」と、ポツリとつぶやいた。その言葉から、アイがいままで過ごしてきた十八年間を、なんとなくだけど察することができた。

十六歳のとき、家にいたくなくて高校を中退し、寮のある仕事を探して風俗デリヘルの仕事を始めたところから、アイの物語は始まった。

「十七歳のとき、ナンパで出会った彼とつき合いはじめて、一か月ぐらいで妊娠してね、彼に相談したら『堕ろせ』って冷たく言われたけど、堕ろしたくなくて。中絶したら子どもが産めなくなるって友達から聞いてたし、彼を好きだったし。悩んだけど、彼と結婚することになって子どもを産んだの。

でも旦那とうまくいかなくてさ、子どもを残して、家を飛びだしちゃったんだ。そのあとは市内の風俗店で働きはじめたんだけど、ヤクザが経営してる店でピンはねされちゃって給料がもらえなくて、借金だけが残って（用意される住み込みの部屋の家賃が高いため）どうしようって悩んでたら、地元の子たちのサークルで知り合った男から連絡がきたの。『お金を稼ぎに、東京へ来ないか？』って。それで交通費だけつくって、東京に一人で来たのが三日前なんだ。子どもを産んだのに育児ができなかったし、もうそれなら東京で暮らしてお金を稼いで、やり直そうって考えた」

## ――「やりたくないけど風俗くらいしかないでしょ」

男はアイに、お金になるAVやデリヘルの仕事を紹介した。身分証明になる健康保険証を秋田からとりよせるまで、男のアパートで暮らすことになったが、生活費さえもちあわせていないアイは、出会い系サイトを利用して男と会っては、食事をご馳走《ちそう》してもらったりしていた。サイトに〝十八歳〟と書き込めば、すぐにたくさんの返信がくるので、「ご飯と足（交通費）には困らないで済む」と知っていたのだ。

そんなとき、私と出会った。

私になにかできることはないだろうか。いまここで別れてしまえば、アイは東京でもまた風俗の仕事をすることになる。子どもや旦那、故郷を捨てて、人生をやり直すために東京へ出てきたのに。話を聞いていると、やりたいからやるわけではなく、ほかにどうすることもできないし……と、投げやりになっているようにも感じられた。

このまま流されてしまったら、アイや残された子どもはどうなってしまうんだろうと思うと、胸が苦しくなった。アイのいまを、これからのことを、私はいっしょに考えたかった。男の家のほか、とくに行くあてはないとアイが言うので、その夜はうちに泊まってもらうことにした。

家に着いて、アイにケンが言葉をかける。

「お腹すいてない？　インスタントラーメンならすぐにつくれるけど、食べる？」

「えっあっ、うん。食べたい」

卵だけをといた、シンプルな塩味のラーメンをするアイを見ながら、「ひょっとして、これが昨日から初めてのご飯？」と聞いた。

「うん、そう」

アイと渋谷で会って声をかけたのが二十三時ごろで、マクドナルドで話をして、タクシーで家についたのは翌日の四時過ぎ。お金も知り合いも生きていく術《すべ》もないアイは、見知らぬ街で、お腹がすいていることも喉《のど》が乾いてることも気づかないほど、神経を張りつめていたんだろう。

お風呂をすすめたが入らずに、洗顔と歯磨きだけをすませて布団に入った。アイの枕元には、つけまつ毛と携帯電話。化粧を落とした素顔には、まだ幼さが残っている。会ってからトイレに一度も行かないアイが心配になって、寝ているところに話しかけてしまった。

「トイレは大丈夫？　我慢しないでよ」

「あっうん、大丈夫。あまり水分とってないから……」

安心してゆっくり休んでいいよと思いながら、眠ったアイの寝顔を見つめていた。


つぎの日、私は都内にある女性相談センターに電話をして、アイのことを相談し、面会を希望した。だが、手順があり当日すぐに面会はできないとのことだった。いま悩んでいて、いますぐ話を聞いてもらいたいのに。頭にきて、私はつい怒鳴《どな》ってしまった。

「いま困ってる人が目の前にいるのに、なにもしてあげられないなんて、本気で助ける気はあるんですか？」

けっきょく、アイは仕事を紹介するという男のアパートに戻った。

その後、秋田に住む友人に頼んだアイの健康保険証が届かず、男の紹介する仕事はできなくなり、アパートを出ることになった。住むところと仕事を探すため、渋谷、新宿で風俗の面接を受けまくるアイ。携帯電話の料金を払えずとめられてしまっていたので、携帯の契約者になってもいいと言ったスカウトのいる歌舞伎町の寮付きのピンサロ店で働くことを決めた。

「携帯電話は命のつぎに大事だから……。地元の子たちと連絡とれなくなったらイヤだし、不安だから。風俗はやりたくないけど、いま、お金も住むところもないし、考える余裕なんてないから、そしたらやっぱ、風俗くらいしかないでしょ」

そうなのかもしれない。私は、なにもしてあげられなかった。

## ――「なんで私に優しくしてくれるの?」

その後もいっしょにご飯を食べたり、アイを友人に会わせて話を聞いてもらったり、新宿救護センター(歌舞伎町駆けこみ寺)代表の玄秀盛《げんひでもり》さんに相談にのってもらったりしたが、アイの希望する仕事や住む場所までは紹介してあげられなかった。

「いまは、イヤだけど風俗で働いて、お金三十万貯めて、アパート借りて、スナックか居酒屋で働くことを目標にやってみるよ」と、アイは笑ってくれた。申しわけない気持ちでいっぱいだった私は、「なにかあったらいつでも遊びにきてね。なにもしてあげられないかもしれないけど、いっしょに考えようよ」と声をかけた。すると、アイが私にポツリとつぶやいた。

「なんでそんなに親切にしてくれるの? いままで私のまわりにいた大人は、私のカラダやお金が欲しくて優しくしてくれたけど、ジュンさんにはなにもしてあげられないのに、なんで優しくしてくれるの？　こんなの初めてだよ」

なんでなのか自分でもわからないけど、ただ不器用な生き方しかできないアイが愛しいのだ。「長生きなんてしたくない、三十代で死にたい」と言っているアイに〝案外、大人になるっていいかも。楽しいかも〟って、思ってもらいたいからかもしれない。

風俗の仕事が悪いとかいうことで反対をしているんじゃない。いまを生きることに必死で、考える時間もなく、だれにも相談できずに日々流されてしまうアイを、ただ見ているだけというのが嫌なのだ。

自分の人生は自分で選ぶ習慣を身につけてもらいたい。アイが選んだ仕事なら応援するし、頼りにはならない私だけど、困ったときはいっしょに考えたいと思っているから。どんなときも。

それからも、アイとは会うたびに会話が増えるのがうれしかった。愛想がいいわけでもなく、約束を守るわけでもなく、私を慕《した》ったり頼りにしてくれたりするわけでもない。なのに、なぜだか私はずっと、アイのことが気になって仕方なかった。

春に会ったときには、アイは風俗をやめ、歌舞伎町内のクラブでホステスを始めていた。だが、住む場所がないのでネットカフェに寝泊まりしていた。お金がすこし貯まっても、ヒマだったり寂しくなったりすると、ホストクラブに飲みにいってしまうらしい。「でも大丈夫。先のことも考えてるから……」というアイの言葉を信じて、歌舞伎町のロッテリアで別れた。

その後、アイの携帯電話がつながらなくなり、私は途方に暮れたが、でも勝手に信じていた。またアイと会えるはずだって。そうして半年ほど過ぎた十一月のある夜、歌舞伎町でまたアイに会うことができたのだ。さっそく、大久保にある韓国料理屋でランチする約束をした。五百円で家庭的な韓国料理が食べられる、アイのお気に入りの店だ。

アイと出会ったことで、私は多くのことを学んだと思う。ただ話を聞いて、伝えるだけじゃなく、行き場のない人のために、いっしょに考えて安心して過ごせる場所が必要だということを考えはじめたのも、アイとの出会いがきっかけだった。

まだまだ私になにができるのかを手探りで模索している最中だけど、街で出会ったリアルな声を聞くたびに、やりたいことが増えていく私だ。

# 初めての決断——アコ

## ——センター街の少年たちの傍《かたわ》らで

十月のある土曜の夜、九時を過ぎたころ、渋谷センター街の路上に十五人ほどの少年たちが座り込んでいた。おそろいの白いスエットのような上下を着た少年たちは、立ったり、座ったりしながら、路上で楽しそうにおしゃべりをして過ごしている。少年たちは当然のように目立っていて、センター街を通るすべての人が彼らを振り返る。

私はすこし離れたところから彼らを見ていたのだが、ケンタッキーの向かいのABCストアのシャッター前に、下を向いて立っている女の子に気づいた。

最初、少年たちが怖くて動けないのかとも思ったが、女の子は怖がる様子もなく、少年たちが声をかければすぐ届くくらい近くにいた。少年たちとの関係を知りたくなった私が、『VOICES』を見せながら、黒くて長い髪のその女の子に声をかけると、伏し目がちに小さな声で答えてくれた。

彼女は渋谷から電車で二十分くらいのところに住む十九歳の大学生で、アコという。大学のサークルの劇団に所属していて、この夜は発声練習のため、終電から始発までの夜間パックを利用し、友人とカラオケ屋に行く予定だった。時間が空いたので、することもなく道に立っていたら、知らない男性に声をかけられ、からまれているところを、白い服を着た少年たちが助けてくれたという。それを聞いて、なんだか私はうれしくなった。

アコはすこしまえに、『VOICES』をつくる私たちの活動を紹介したテレビ番組をたまたま観ていたらしく、私のことを〝話を聞いて、なにかつくっている人〟と知っていた。「病んでたころに観たから、覚えていた」と、笑う。

友人との待ち合わせまでにまだ時間があるというので、私は彼女を誘ってマクドナルドに入った。飲みものだけ頼み、私たちは向かい合わせに座った。

土曜日の夜なので、店内はそれなりに混んでいる。緊張しているのか、アコはじっとして、身体をあまり動かそうとしない。声も小さく、言葉はポツリポツリ。「この子、演劇やってるっていうけど声だせるのかな？」って、私は心配になってしまった。

## ――「父親の顔色をうかがいながら過ごしていた」

「家族とは仲いい？」

聞きたいことを私から切りだした。

「かなり仲良しかな、いまは。まえは、お父さんとは口をきかなかったけど……。中学のとき、両親はいつもケンカしていて、お母さんを守らなきゃと思っていて。それで私が殴られたりしたこともあったけど、お父さん、疲れているとモノを壊したり、お母さんの首をしめたりするから。でも、ふだんはいい人なんだけど。父親の顔色をうかがいながら過ごしてた」

その言葉を聞いて、なにかに怯えているように見えるアコをすこしだけ知ることができた気がした。父親と不仲になる決定的な事件が起きたのは、十五歳のときだった。

「お父さんが携帯を忘れてたんで、メールを何気なく見ちゃったんですね。そしたら知らない女に送っているメールがあって、それが父親のオナニー姿で……。『お母さんがいるのになにやってるの、お父さん』って、家族として過ごしてきた十五年間が一気にくずれちゃったんですよ」

父親の別の顔を見てしまったアコ。キツかっただろうな、と思いながら、中学生のアコがどうしてその写真の意味をわかったのか、男の人のそんな姿を見たことがあったのかと気になった。

「まわりで援交していた子とかいる？　アコちゃんは経験ある？」と私がたずねると、

「あ、はい……」と、うなずく。

「そのときはいけないことという感覚はなくて。相手の男の人は四十四、五歳くらいの、お父さんと同じくらいの人だったと思う」

友達から「援交やろう」と誘われたアコは、深く考えることもなくＯＫして、相手の男の家に行ってしまったという。

「そのおじさん、子どものあたしたちに気をつかっちゃって、みじめだなって思った。額《ひたい》に汗うかべて、オレンジジュース運んできたり、気持ち悪いおじさんだなって」

意外と冷静なアコに驚きながらも、どんなことをしたのか、私は聞いてみた。

「なにをしていいのかわからなかったから、友達に言われるままにやった。友達が最初にやって、『はい、つぎ！』って呼ばれて、部屋の中でおじさんと二人きりになって、目があったときはすごく緊張した。さわられているときは顔を見ないようにしていて、セックスではなくて、口と手を使って三、四十分くらいだったと思う。そのあいだ、なにも考えないようにして、部屋に飾ってあるフィギュアをずーっと見てた。とにかくなにも感じないようにして、そうしたら、頭も心もカラッポになった。カラッポのまま終わって、ボーッとしている私を、友達が大丈夫？　って心配してくれた」

## ――初体験は、みんなが喜んだ記憶しかない

友達に誘われるまま軽い気持ちで援交を経験した、アコの初体験はどうだったのか。十四歳のとき、友達が「処女を卒業させよう企画」を思いつき、五人グループのなかからアコが選ばれ、ノリでヤッてしまったと話してくれた。

アコがイジメの対象だったんじゃないかと思い、私は嫌な気分になったが、「イジメられてる感はなかった」とアコは言う。もしかしたら、その友達から言われたら逆らえないような上下関係があったのかもしれないが、アコにその自覚はなかったようだ。

「いじられキャラの私が選ばれて、みんなが喜んでくれればいいやって感じかな。うん、イジメとはちがうと思ったし、イジメられてる感はなかったですよ」

体験の相手も、企画を言いだした友達が選んだ。アコを好きだと噂になっている、ク

ラスメイトの男子だった。企画した子は、年上の男の子とつき合って初体験もすませているような、同級生のなかでも目立っている早熟な子だった。

その日のうちに企画をした友達の家に行き、屋根裏部屋に二人きりにされた。緊張して服を脱げずにいると、外から友達が入ってきて、アコが脱ぐのを手伝ってから「頑張ってね」と、声をかけて出ていった。

きちんとコンドームも用意されていて、まるでゲームのような初体験を二人はした。「痛かった」ということしか覚えていない。だれとも会いたくなくて、彼にも出ていってもらい、三十分ほどボーッと座っていたことぐらいしか、アコは思いだせない。

彼を好きになることはなかったけれど、その後、彼から告白されて、高校に入学してからつき合うようになるが、別の高校へ進学したこともあり、じきに別れてしまった。

「自分は人に合わせるばかりで、意見を言うことはなくて。ホントは大好きな人とできたら最高だったけど、みんなが喜んでくれたからうれしかった。イヤなことをしたという気持ちはなかったけど、ヤッたあとはだれにも会いたくはなかったかな……」

グループの女の子たちは、アコに「おめでとう」と声をかけ、「これで経験者が二人になったね、つぎはだれにする⁉」などと、みんなで笑いあった。

「でもね、自分はこんなでいいのかという悩みはいつもあった。いま考えると、自分で言えたり、主張できたりすればよかったなって。なぜあのときの自分は言えなかったんだろうって思ったりもする」

「いまは言えるようになったの？」

ちょっと意地悪な私の質問に、アコは瞳を輝かせながら、話してくれた。

「いまなら言えると思いますよ。進路で悩んでるとき、高校の演劇部の大会を観にいって、一つの学校の演劇部だけすごく光ってみえて、そこへ進学を決めたんです。中学の友達と別れるのは寂しかったけど、演劇を観たときの感動が忘れられなくて……」

## ――気持ちを言葉にすることで変われた

進学すると、希望どおり演劇部へ入った。演じることの喜び、さらに顧問の先生や部員との出会いで自分が変わっていくのが、自分自身でもわかった。

「自分の意見を言ったり、自分が感じたこと、思っていること、やりたいことを口にだせるようになって、自分に素直になれたんですよね」

高二のころには、好きな彼氏ができてつき合いはじめた。だが、彼を「大好きすぎ

て」避妊をせずにエッチをして、高三の春に妊娠してしまう。

「産みたかったし、彼も産もうって言ってくれたの。彼は佐川急便に働き先も見つけて、相手の親も賛成してくれた。でも、うちの親から『せめて高校ぐらいは卒業してほしい』って反対されて悩んでるときに、mixi《ミクシー》にちがう女の子と彼のラブラブの画像があったの。

落ち込んでいる私を元気づけるために、演劇部の顧問の先生が津久井湖へドライブに誘ってくれて、『だんだん自分が思っていることを話せるようになってきたな』って、演劇を通じて成長してる自分に気づかせてくれて……。そのときに、あっ、私は演劇を続けたいんだなって思った。赤ちゃんを殺すことになっちゃう、ごめんなさいって思ったけど、いまは悲しいけど、赤ちゃんを産むのをあきらめようって決断したの。そうしたら、その矢先に流産しちゃって……」

ショックのあまり、アコは彼と別れてしまうが、演劇を続けたいという自分の気持ちに気づき、やりたいことを選択することができた。これが、彼女が初めて自分でできた、重大な決断だった。つらい経験をして、先生や部員たちとの出会いがあって、やっと自分のことを自分で決められたのだ。

「いまは彼氏はいるの？　避妊はしてくれる人？」

私がまた意地悪な質問をすると、アコは笑いながら「はい、大丈夫ですよ。いまの彼氏は避妊してくれるし、彼との子どもが欲しいと思うけど、いまは産んで育てることはまだ先の話ですね」と、答えてくれた。

最後にもう一つ、一時は会話がなくなったが、いまは仲が良いという、アコの家族のことを聞いてみた。

その後、アコは勇気を奮いおこし、なんで自分が父親と話さなくなったのか、その理由を父親に伝えた。メールを見たこと、「あんなことするお父さんを気持ち悪いと思った」ことを話したら、「ほんとうに悪かった、ごめんなさい」と謝ってくれた。

自分の素直な気持ちを言えたことで、わだかまりがとけて、ギクシャクしていた父親との関係が修復された気がした。

きっと、中学のころまでのアコは、無意識のうちに自分の心を〝カラッポ〟にして、〝自分〟というものの優先順位を後ろにしてしまっていたんだろう。彼女の心はいつも空洞で、その空洞を埋めるのに必死だったから、人に流されながらも、人の言葉によって埋められていた。そんな子だったのかもしれない。

でも、いろんな経験のおかげで、自分の想いを言葉にすることで、自分という存在の輪郭《りんかく》を色濃くし、アコという存在は埋められていった。危うげながらも、自分をつくって歩きだしているアコ。私が声をかけたのも、そんなアコの心の姿に魅《ひ》かれたからだったのかもしれない。

いままでは家族で旅行に行ったり、休日にはしゃぶしゃぶを食べに行ったり、カラオケに行ったりして、家族が仲良くなれたと、アコがうれしそうに話してくれた。

マクドナルドを出たアコは、何度も私に頭を下げてあいさつしながら、「これから練習だぁ!!」と、楽しげに東急ハンズのほうへ歩いていった。

今日、出会ったアコという女の子の物語の余韻《よいん》にひたりながら、私は一人、駅に向かった。渋谷センター街に群れていた少年たちの姿は、すでに消えていた。

# マンバ・ギャルの卒業式――のんタン

## ――〝なりたい自分〟の仮面、それがマンバ

数年前、〝マンバ〟と呼ばれる少女たちを取材した。〝マンバ〟は〝ヤマンバギャル〟の略称だ。顔料インクやマーカなどを使って、虹のようにカラフルで個性的なメイクをする彼女たちは、「スッピンの自分は自分じゃない」と、元気よく話してくれた。

『VOICES』四号の撮影は、とにかく笑い声がたえなくて、騒々しかったのを思いだす。街の中にある人通りの激しい広い公園で、昼過ぎからの撮影だった。なにがおもしろいのか、友達と顔を合わせて話しているだけで「ギャハハハ、ギャハハハ」で、意味のわからない私まで、つられて楽しくなってしまった。

マンバのメイクをしていると、道行く人に避けられたり、子どもに泣かれたり、犬に吠えられたりする。電車やバスの中で、座っている席を譲ろうとしたら「汚い、キモイ、

バケモン」などと言われることもある。なのに、「マンバはやめられない」と口をそろえる少女たち。

「悩んでたり、つまらないときも、仲間とマンバメイクして、トラパラ（トランスに合わせて踊るダンスの一種）踊れば元気になるよねー」

マンバのなにがそんなに彼女たちを元気にさせるのか知りたくて、話を聞かせてもらったなかの一人に、「のんタン」と呼ばれる子がいた。ド派手なメイクにニコニコ顔。マンバのメイクをとってスッピンでも、十分に可愛いだろう。人見知りもしない様子で、受け答えもハキハキとして、仲間からも慕われている様子がうかがえた。

のんタンはなんで、マンバになったのだろう。

「過去にいろいろあって、いじめられたりもしたし、死にたくなって自分を傷つけたこともあった。でもそんな自分がイヤで、変えたくて、マンバになったのかな」

のんタンはマンバになってから社交的になり、友達も増えて、なにより性格が明るくなっていったという。たぶん、ほかの少女たちもそれぞれになにかを抱えていて、ぽっかりと空いた心を埋めたくて、ここへたどり着いたのかもしれない。

## ──繊細な素顔を覆《おお》い隠すように

取材中、みんなを見ていたら気になることがあった。彼女たちは個性的だが、メンバーといるときは個性があまり感じられないということだ。自分をさらけだすよりは相手に合わせて、同じ考えで同じ行動をして楽しめればいい、というような感じ。

どちらかというと、一対一でつき合う友達というより、グループのような関係性を望んでいるのではないかと思った。みんなとちがう考えや行動をとってしまったら、仲間ではいられなくなり、メンバーから外されてしまうから、そのために時間や会話を共有して、同じであることを無意識のうちに確認しあっている──そんなふうに感じたのだ。

マンバの彼女たちだけではなく、いまの若い子たちはいろいろな顔を使いわけている面が強い気がする。友達用、仲間用、恋人用、親用、学校用、仕事用……、それぞれの顔。人は相手や状況によって見せる顔がちがって、その時々用の仮面をつけているものだが、マンバの彼女たちはそんな想いがとくに強くて、「なりたい自分＝マンバという仮面をつけた自分」をつくっているのではないか、と思えた。〃明るくて、ノリがよくて、毎日ハッピーな自分〃になりたいし、人からもそのように見られたくて、繊細な心や素顔を覆い隠すように、マンバの仮面をつけているのかもって。

ただ、〝いつまでもこのままでいたい〟と思っていても、楽しい十代の日々はあっという間に過ぎ去っていってしまう。大人になりたいけど、マンバを卒業するのが怖い、新しい一歩を踏みだす勇気がない。そんな彼女たちの恐れも、わかる気がした。

振り返ってみたら、私自身もそうだった。大人になるのが怖かった。「仲間と居場所をやっと見つけられたのに……」って、未知の世界へ一歩踏みだすことが不安で、現実から目をそらしていたかった。

でも時は進んでいた。私には、十八のころに出会った人のおかげで、二十年経ったいまも続けられていることがある。それは人の生き方を知って、それを文章にして伝えること。想いを文にして、それを人に読んでもらうこと。子どもだった私に、私たちレディスの取材で出会ったライターの栃内さんが、それを教えてくれた。

原稿の締め切りだって、私が約束を守れる初めてのことだったかもしれない。自分のやりたいことがかたちになる楽しさや充実感を知ったのも、初めてだった。空っぽだった私のココロのスポンジが、グングン水を吸い上げるように、栃内さんが教えてくれる

〝文章を書く〟っていう世界に夢中になって、私は私の表現方法を見つけることができて、頑張ることが楽しくて……。そしたらいつのまにか、過去の自分を振り返る時間もないくらい、いまという瞬間を、明日という未来に向かわせることができた。

のんタンの不安もわかる気がするけれど、素直な彼女なら変われそうな気もしていた。いまの私にできること、それは彼女に選択肢を増やしてあげることだろう。「これ（マンバ）だけしかできない」と思っている彼女に、「視野を広げてごらん。いままで無理だと思っていたことに、やりたいことに出会えるかもよ。自分を変えられるかもよ。大人としての一歩を踏みだせるかもよ」と、不安に負けないよう背中を押してあげることだと思った。

## ――「こんな自分もいいかも」って思えた

その年の秋、世田谷区のイベントに私たちが参加することになった。当時、『ＶＯＩＣＥＳ』の事務所は「世田谷区ものづくり学校」の中にあった。その学校の設立に関わっていた世田谷区保健所の山本恵造さんの目にとまり、声をかけてもらえたのがきっかけだった。「あまり例のない〝社会貢献活動〟に取り組んでいる人たちだな……」と、山本さんは私たちに興味をもってくれたらしい。

イベントは区の保健所が主催するもので、参加者は主婦など地域の人たちがメインだ。テーマは「新しい自分になってみない？」だった。どんなことをするのが『VOICES』らしいか、悩んだ結果、やはり〝リアル〟にこだわっていこうと思った。これはまさにのんタンにぴったりのテーマだろうと思い、マンバだった彼女が社会人として歩みだすことができるよう、プロのヘアメイク・アーティストとスタイリストに頼んで、のんタンを参加者の前でかっこよく変身させちゃおうと考えたのだ。

主催の方たちも私たちの提案に乗り気だったけれど、「ほんとうにうまくいくのか」と不安を隠せないようで、何度も打ち合わせを強いられた。当日、彼女たちが来てくれさえすればうまくいくと私たちは確信していたが、なにせ不規則な生活を送っている彼女たちなので、念を入れて、前日から我が家に泊まってもらうことにした。

前日、約束どおり、渋谷東急百貨店前の待ち合わせ場所で、のんタンともう一人のマンバの女の子の姿を見たときは、ホッと胸をなで下ろした。「これで明日の成功は間違いない！」と、私とケンは顔を見合わせてニヤリと笑っていた。

イベント当日。のんタン本人は自分がどんなふうにされるのか予想がつかなくて不安そうだったが、プロの技術によって、みるみるうちにスタイリッシュな二十歳の女性に変身していった。のんタンの変身ぶりと、仮面を取った素顔の可愛さに、会場からは驚きと歓喜の声が入りまじった。

「あら、こっちのほうがぜんぜんいいじゃない。きれいだわ〜」

完成した姿を見て、いちばん驚いていたのは言うまでもなく、のんタン本人だった。最初のうちは、まわりがいくら「可愛い、カッコいい」と言っても、変身した自分を受けいれられずに戸惑っていたのんタンだったが、慣れてくると、「うわっ、このままの姿で帰って、好きな子に会いにいっちゃおうかな」と、ノリノリだった。

「うわっ、ウケル。でも、こんな自分もいいかも。新しい自分になれた気がする」

自分の新たな一面を受けいれられたのんタンは、このイベントのあと社会人となって、会社員として働きだし、さらに結婚、妊娠して、昨年九月には男の子を出産してママとなった。

イベントは大成功だったのかもしれない。マンバの彼女を社会人として通用する見た目の女性に変身させて、自信をもってもらおう！　という企画だったのだから。選択肢を増やすきっかけづくりの大切さ、ということを、あらためてかみしめた体験だった。

# たった一人の出産――アイ2

## ――再会と妊娠

アイから、めずらしく「話したいことがあるので、遊びにいってもいいですか？」と連絡があった。昨年の初夏のことだった。

おととしの二月、渋谷で出会ったアイ。一時期、連絡がとだえて会えないときもあったが、その年の秋、偶然にも夜の歌舞伎の街で再会した。その間アイは、風俗の仕事を転々としながら、ネットカフェや街で出会った知り合いの家を泊まり歩いて暮らしていたという。再会してから、またときどき話を聞かせてもらっていた。

肌がもともと白い彼女だが、家に来たこの日はとくに顔色が悪く、貧血気味だと話していたので、なにか栄養のある、アイが食べたいものをつくろうということで、青椒肉絲《チンジャオロース》の食材を買いにいこうとしたときだった。

「妊娠しちゃって……」。アイは苦笑いをしながら、私に言った。

そのとき、家にいたのは私とケンと娘、テレビの取材で来ていた森山智亘さんだった。森山さんは、私たちの活動を密着取材してくれることになった民放の深夜報道番組のディレクターだ。「人生をリセットしたい」と、秋田から家出同然に東京へ出てきたアイのことを、何度か重点的に取材していた。

アイが妊娠に気づいたのは、生理がこなくなって約五か月が過ぎたころだったという。どうしていいかわからずに月日だけが経ってしまい、産む、産まないの選択はもうできない状態になってしまった。お腹の子の父親である、交際相手の大学生のホストとはすでに別れていて、金銭的にも頼ることはできないという。

アイは自分一人で産もうと腹をくくっているようだった。

私は焦った。「一人でなんとかする」には、出産と育児はあまりに重い。だが、もう出産に向けてサポートをしていくしか方法はない。個人でのサポートには限界があると思い、「一人じゃなにもかもするのは無理だから、まずは行政に相談してみようか」と伝えたところ、アイはコクンとうなずいた。

その場で新宿区の福祉事務所に電話して、婦人相談員と連絡をとり、どんなサポートが受けられるのか相談する日時を決めた。そこで再び、私とケン、森山さんの三人で連絡をとりあって、アイの出産をサポートしていくことにした。

**――「あんたはいいけど、赤ちゃんはどうなるのよ?」**

だが、相談日にアイが来ることはなかった。彼女にとって、行政は敷居《しきい》の高いところだ。深夜まで働き、朝方寝るという生活を送るアイには、五時で終わってしまう行政の業務時間に合わせて窓口に来るのはむずかしいことだった。そこで私が、彼女の困っている現状と相談したい内容を婦人相談員に伝え、その解決案を彼女に伝えるという伝達係をして、アイがすこしでも安心して出産ができるように励ましていた。

アイは、妊娠してからも環境を変えることをせず、歌舞伎町でマッサージやキャバクラの仕事をしていた。お腹が大きくなって、それらの店に出入りできなくなると、今度は出会いカフェ(マジックミラー越しに男性客が女性客を選ぶデートクラブ。店は客同士の交渉内容に関与しない)に入りびたり、男性客から声をかけられるのを待ち、交渉が成立したら外出していっしょに食事やカラオケに行き、それでお小遣《こづか》いをもらうという日々。私はアイに福祉の母子寮に入ることをすすめたが、彼女は「人の世話になるのも、規則だらけで自由のない生活もイヤだ」と、かたくなに拒否をしつづけた。

アイはこれまで風俗の仕事はしても、セックスまで売り渡すことはせずにきた。とはいえ、こんな生活が妊婦にとって、いいわけがない。お腹が日に日に大きくなるにつれて、私の心配もふくらんで、ときどきアイに対して、キツイことも言うようになった。

「あんたはいいけど、赤ちゃんと二人してこのままネットカフェ暮らしするわけにいかないでしょう。どうする気なのよ?」

私の言葉にアイは耳を傾けようとはせず、「面倒くさい。これ以上、人に関わりたくない」と、連絡さえとれなくなる状態が続いた。

こんなときになって、携帯でしかつながっていないアイとの関係に気づき、私は唖然《あぜん》とした。彼女がどこでだれとなにをしているか、探したくてもわからない。交友関係も、よく行くお店の名前もはっきりとは知らない。後悔したが、私のできることは、歌舞伎の街で、あてもなくアイの姿を探しまわることだけだった。

数週間経ったころ、アイから連絡があった。「友達で妊娠している子がいるので、相談にのってほしい」というのだ。自分も出産をまえにたいへんなときなのに、ほかの子の面倒もみる。アイにはそういうところがある。自分のことは極力自力で解決しようとするが、友達のためだったら、すすんで連絡をとって人の助けを求めることもできる。

そのとき、すでにアイは臨月に達していた。そんな状況のなか、彼女は落ち着ける居場所を手に入れるため、上京以来、連絡がとだえていた母親に相談して、敷金・礼金なしのワンルームマンションを借り、一人暮らしを始めていた。それまでアイの住民票は、上京したときに身を寄せていた都下・小金井市にあった。それをじっさいに住んでいる中野区に移したことで、健康保険に入ることもできた。

そうしてネットカフェ暮らしからは脱却したアイだったが、今度は収入源だった出会いカフェに行けなくなった。当時、ネットカフェのトイレでの出産・嬰児《えいじ》遺棄事件が相次ぎ、警察の介入を嫌った出会いカフェが、妊婦を出入り禁止にしたのだ。「こうなったら街頭に立つしかないよ」と言いだしたアイを私たちは心配していたが、彼女は「でもなんとかするから」と、言うばかりだった。

## ——たった一人の出産

八月十五日の夕方、アイからメールが届いた。

「破水してるっぽぃんだけど、病院電話してみたほうがいいのかな？」

出先にいたアイは、病院にそのまま向かい、診察を受けるとすぐに「入院しましょう」と言われたようだ。

私はホッとした。前日まで「お金を稼がなきゃ」と仕事に出ていたアイの身体が心配で、歌舞伎町や池袋へ探しにいったが見つけることができなかった。アイが入院することになったのなら、ひとまずこれで赤ちゃんとアイも大丈夫、安心だ。

これからのことで、いろいろ心配は尽きないし、情けないがなんの援助もしてあげられないけど、赤ちゃんとあの子の無事だけを願ってきたから。

翌十六日、病院にいるアイからメールがあった。

「タオル二枚くらいと歯ブラシと箸《はし》、お願いしてぃいですか？　いま、陣痛来させる点滴うちました」

夜になり、頼まれたものを届けにケンと病院へ行ったのだが、アイとは会わせてもらえなかった。身内以外は生まれるまで会えないと、看護師は説明した。

だが、あの子の身内は遠く秋田にいる。距離だけの問題ではない。彼女の両親は小三のころに離婚し、その後、母親は再婚した。その家族のなかで愛されているという実感を得ることなく、十六歳から風俗の仕事に就いて、一人暮らしをしてきた。なにかあっても、信頼できる大人に相談するといった経験をできないまま、アイは二十歳になった。親はアイが妊娠し、出産することは知っているが、賛成はしていないので、一人ぼっちの出産だ。なのに、病院側にそんな事情はわかってはもらえなかった。

「今日、来てくれたのにすいません。タオルとか箸とか……ありがとです。陣痛来なくて、明日になりました」と、連絡がきたのは深夜一時過ぎ。お腹は痛くないらしく元気そうなメールで、アイのタフさに、思わず笑ってしまった。

「穏やかなアイの顔と、元気な赤ちゃんが見られますように」と祈り、そして翌朝、アイからメールが届いた。

「生まれました。男の子でした」

## ――ケースワーカーの目に映ったアイ

八月十七日。赤ちゃんが生まれて母親となったアイの晴れやかな表情を見て、私たちはホッとした。

だが、新生児室にも病室にも、赤ちゃんの姿はない。私が恐るおそる「赤ちゃん元気なんだよね？」と聞くと、アイはうなずいた。赤ちゃんは敗血症と診断され特別室に入っていた。生命に別状はなく、後遺症が残る危険も少ないが、しばらく姿は見られないとのことだった。

「あぁ……ホッとした。はぁ……つかれた。でも、これからどうしよう……」と、アイは退院後の赤ちゃんと自分の生活を心配しているようだった。

「なにかすることは？」と聞くと、「家賃を振り込んでほしい」と言って、お金と印鑑と保険証を手渡された。信頼してもらえているようで、私はなんだかうれしくなってしまった。アイは困っている状況でも、自分一人でなんとかしようとして人に頼みごとをしないほうなので、よけいにうれしかったのかもしれない。妊娠中も「なにか手伝うことはある？」と聞いても、「じゃ、洗濯を頼んでもいいですか」というくらいだった。もっと頼んでくれてもいいのに……と、お節介な私は思ってしまうのだが、本人が望まないことをしても意味がないので、とにかく会うたびに声をかけた。

なぜ、こんなにもアイのことが気になるのか……。自分だけでなんとかしようとして、まわりに頼ろうとしないアイは、いつでも、どんなときも独りだった。

入院先は、新宿区にある国立国際医療研究センターだ。ここにはケースワーカーが在籍して、産後の母の生活相談にのってくれるという。出産後、彼女にはやらなければならないことが山積みだった。行政の援助を受けるための手続きや、今後の生活の見通しまで、ケースワーカーと面談して相談することになった。

なにをどう相談したらいいのかわからないというアイに、「自分一人じゃ理解できないから、いっしょに話を聞いてほしい」と言われ、看護師にお願いしてみたが、病院側は「親族の方でないとだめ」の一点張りだった。アイ本人が頼んでも「親御《おやご》さんか、きょうだいでないとだめ」と、まったく融通がきかない。

規則なのはわかるが、彼女の状況わかってよ、と文句を言いたくなった。赤ちゃんとあの子が幸せになれればそれでいいんだから、シンプルに考えて融通をきかせてくれればいいのに。あの子の現状を、あの子が抱えている現実を聞いてほしいのに。でなきゃ解決の糸口なんてないのに、と。

けっきょく、私は相談室には呼ばれなかった。相談室から戻ってくるなり、「もう疲れた……」とつぶやくアイの姿を見て、私まで不安な気持ちにおしつぶされそうになって、たまらずに病室をあとにした。

アイが入院した病院は、出産した病院とは別だったのだが、そもそも出産した病院だって、私が行政にかけあって紹介してもらい、病院までの地図と連絡先をアイに教えておいたから、駆け込み出産することができたのだ。なんの情報も得ていなかったら「パニック状態になって、どっかのトイレで産んでいたかも……」と、アイははっきりと言っていた。もし私があいだに入らなければ、アイはここにいなかったのだから、なんらかのかたちで関与させてくれてもよいのではないか。

ケースワーカーはアイに、生活保護を受けて母子寮へ入るようすすめたようだが、彼女にその意志はなかった。

「この子は手離さずに、自分の手で育てたい。二人で、穏やかなふつうの暮らしができれば、それでいい」

しかしアイの願いは、ケースワーカーの目には、無理な望みと映ったようだ。現在の状況では「養育は困難」とみなされ、収入の安定した仕事が見つかるまで、赤ちゃんを乳児院で育ててもらうという方向で、話し合いが進められたという。

## ――「子育て不適格」の烙印

出産から三日後の八月二十日。アイは退院するまでに、区役所に出生届を提出し、出

産育児一時金（当時三十五万円）を申請するため、外出許可を取った。区役所の窓口へ行くと、児童相談所の担当者がすでに待機していた。病院からケースワーカーの判断が伝えられ、赤ちゃんが乳児院に預けられる方向で手続きの準備が進んでいたのだ。

つぎつぎとさしだされる書類に、そのままサインするアイを見かねて、私は横から口をだした。「ちゃんと中身を見て、自分がどうしたいか言ったほうがいいよ」。

すると「あなたはどういったご関係で？」と、担当者がいぶかしげに質問してきた。私は『VOICES』というフリーペーパーをつくっていることや、取材でアイと出会ってからのいきさつを簡単に話した。先方は、報告書に私たちのことを「支援団体」とメモしていた。

アイは「そういうことになるのかな」とうっすら予想してはいたものの、ここで主張しなければ、いよいよ子どもと引き離されることが決まってしまうのに気づき、担当者に自力で子育てをする意志をアピールしはじめた。

「なんとか知り合いといっしょに子育てします」

「知り合いっていうのは？」

「出会いカフェで会った、妊娠して出入り禁止になった子たち」

「そんな、とんでもない！」

「あと、妹分がこっちに出てくるので、手伝ってもらって」

「妹分って、どういう関係の方？」

「街で出会って、このあいだまで少年院に入ってたんだけど、今日、保護観察ぶっちぎって会いにくるっていうから、これからしばらくいっしょにいることになるんで」

「え？　それは聞かなかったことにしておきます」

児童相談所の担当者は、話を聞くごとに顔色が青ざめていき、しきりに首を横に振りつづけた。

「子どもの安全・健康を守ることが私たちの仕事です」

担当者はとても親切で仕事熱心な人だった。アイをしきりに「子育てを自分でしたいというのは偉い」とほめる。しかし、アイの考えた〝子育てプラン〟はあまりにも彼女の常識とはかけ離れていた。

「あなたの気持ちはわかるけど、いまは無理なので、赤ちゃんは預けて、引きとれる日を目標にして、自分の生活を立てなおしてくださいね」と励ましてくれたが、私には、アイの落胆《らくたん》が見てとれた。

やっぱり自分で子育てはムリってことでしょ、と見えない烙印《らくいん》を押されたような気分なのだろう。相談なんかしなきゃよかったと思っているかもしれない。

まえに書いたが、アイは、秋田で産んだ赤ちゃんを夫の実家に取り上げられた。「子どもには会わせない。おまえが母親だと知らせていない」と言われ、すべてリセットしてやりなおしたいと東京に来たが、またここで子どもと引き離されようとしている。

## ――「もーすこししたら病院戻ります」

出産費用の問題もあった。東京都には〝入院助産〟という制度がある。退院までにこの手続きをとれば、アイの場合、入院・分娩の自己負担の全額が免除されるはずだった。アイは入院直前に健康保険に加入したが、出産費用は保険のきかない部分がとても多い。アイの場合、自己負担はおよそ三十八万円。国からの出産育児一時金がすべて吹っ飛んでしまう金額だ。入院助産の適用があるかないかは、子育てのスタートにおいて大きなちがいになる。もし適用を受けられれば、彼女と赤ちゃんがいっしょに暮らすための生活基盤をつくれる可能性だってある。

アイが入院助産を申請するには、前年度の所得が住民税の非課税水準であったことを証明する必要があった。彼女の住民票は、八月まで小金井市にあったが、生活の場は新宿だった。転入した中野区からは、新宿区からなんとか書類をとってきてほしいと言われたが、部屋は又借《またが》りで、出会いカフェから連れだされ、お小遣いをもらうことが収入源だった彼女に、居住地や収入を証明する書類があるはずもない。

だが、新宿区役所に相談すると事情を理解してくれて、今回は公共料金などの支払い証明があれば、それを証拠として〝住民税非課税証明書〟を発行できるとのことだった。なにかないかと探してみると、アイのバッグから昨年末の水道料金の領収書が出てきた。「今年の書類って話だったけど、なんとか交渉してみよう」ということになった。

翌日、新宿区役所に行く約束をした。中野駅裏の公園で別れるとき、「このあと友達と会う」というアイに、「病院へ帰るんだよ」と声をかけた。

だが、その夜七時ごろ。アイが入院している病院から携帯に電話が入った。「タケダアイさんが病院に戻ってきません。どこにいるかご存じですか?」。病院に私の携帯の番号を教えたわけではない。相談などには関与させてくれないのに、こんなときだけは連絡がくる。

すぐアイの携帯に電話をするが、留守電になっていてつながらない。「やっぱりあの場で別れなければよかったのか」と、後悔がよぎる。でも、私たちはそんなことを〝管理〟する立場ではない。

それでも夜九時くらいには帰るだろうかと期待していたが、翌朝にも病院から「まだ戻っていませんが、そちらに連絡はありませんか？」と電話があった。病院の人は心底困り、あきれてもいるようだったが、私には、アイがまた妹分のことなどで病院に戻れない状態になったのだろうことは想像がついた。気にせず連絡ができるよう「アイちゃん、まだ間に合うからね。電話ちょうだい」と、留守電にメッセージを入れておいた。

アイから電話があったのは、午後二時ごろ。様子を見ようと、アイの自宅近くの駅まで行ったところだった。

「いま、どこにいるの？」「歌舞伎」

「じゃあ会いにいくよ」

歌舞伎のマクドナルドでアイは待っていた。

「じゃあ、区役所行こうか」とアイ。「そのまえに、病院に連絡しなよ」と言うと、アイは気乗りしなさそうに電話を入れた。「帰ってこい、だって」「そうでしょ。出産三日後の妊婦が、無断外泊していいわけない」。私が状況を理解させようとすると、アイ

まんが
ゲーム
HUMAX

は「区役所に行けないなら、まだここにいる」と言って、歌舞伎の雑踏に姿を消してしまった。

しばらくして、アイからメールが届く。

「心配させてごめんなさいです。家賃のこととかいろいろ心配あって、赤ちゃんが病院にいるあいだ、すこしでも稼げないかなって……。友達のことも心配だったし、病院戻んなかったです。もーすこししたら病院戻ります」

歌舞伎町一番街の賑《にぎ》わう道の片隅で彼女を待ちながら、私はアイの優先順位というものを考えていた。病院に戻ることよりも、産後間もない身体を休めるよりも、お金を稼ぐ目的とはいえ、友達のことが心配でアイが歌舞伎の街に吸い寄せられてしまうのは、そこが唯一、自分を必要としてくれる居場所だからなんじゃないかって。そんな場所を、ほかにはどこにも見いだせないからなんじゃないかって……。

## ――ふたたび街へ消えたアイ

一時間ほど待って、いっしょに病院に戻ると、「あなたはお母さんなんだよ。そのことだけは忘れないでね」と、看護師長が静かな声でアイに言った。

検診を受けて異常がなかったアイは、その日のうちに退院許可がでた。赤ちゃんの退院は、敗血症の治療のため、まだ先になると言われた。

病院から出るとすでに周囲は真っ暗だった。タクシーの中で「このあとどうするの」とたずねると、ポツリと一言。

「歌舞伎に戻る」

アイはアイなりに、自分の力で赤ちゃんを育てていこうと準備していた。「育児の本を買ってきて」と言われて、私が病院に届けたりもした。その気持ちを否定された彼女の喪失感《そうしつかん》が私にも伝染し、タクシー内は無言になった。

「じゃあ荷物、預かっておくね」

とりあえず、パジャマやスリッパなど、かさばるものを預かることにする。

「ごめん、私千円しかない」

千円ずつをだしあってタクシーを降りると、そのまま彼女はネオンきらめく一番街へ吸い込まれていった。

それから数日後、赤ちゃんの退院が決まった。この日から赤ちゃんは、乳児院で生活することが決まっていた。

退院の日、赤ちゃんとアイの門出を祝おうと病院へ駆けつけたが、アイは病院へ姿を見せず、赤ちゃんはすでに施設へと移されていた。

全身の力が抜けて、私はその場に座り込んでしまった。

生まれたばかりの赤ちゃんをのぞき込んだときのアイの表情は母性愛に満ちていて、それはそれは穏やかな顔だった。あんな穏やかなアイの顔を、私はいままで見たことがなく、赤ちゃんを愛する気持ちに嘘はないと思って、安心した。

だが、このとき私は病院の前で、現在の彼女に子どもを養育するのは無理ということも、はっきり感じたのだった。

この夏、私たちは彼女と赤ちゃんのおかげで、心の底から笑ったり、泣いたりして、多くのことを学ばせてもらった。

私たちがこれからできることは、彼女のことをあきらめず、変わらない心で応援しつづけることなんじゃないかって思っている。私のアイへの想いは、「彼女の穏やかな笑顔が見たい……」、それだけだから。

## ◎変わらない心で寄り添うために

街やメールなどで出会った女の子たちは、現状を打破したくて自分から話をしてくる子と、現状に流されていまをさまよう子の二タイプに、大きく分けられる。

街の子は後者が多いかもしれない。そんな女の子たちに私たちが関わりつづけることで、自分を大切にすることをあきらめかけている彼女たちのなにかが変わればいいなって考えていて、お節介もしてしまう。

事態が後退すると、「彼女のためになっているのだろうか……」とへこみ、ケンとそのことでケンカして、おたがいの力のなさから、さらに二人して落ち込んでしまったりもする。逆にすこしでも物事が前進すると、とてもうれしい。でもたいていはスムーズには進まずに、また後退したりすることのくり返しだ。

想いは、彼女たちの笑顔が見たい、ということだけかもしれない。でも、それには私たち二人だけの力では弱く足りないので、多くの人に協力をしてもらえるならと、NPOとして動きはじめている。(二〇〇九年十二月、NPO法人bondプロジェクト設立)

出会った若者たちといっしょに成長していきたい。アイのように居場所を求めて漂流する女の子たちがどんな状況になっても、変わらない心で寄り添うために。これからなにをしていけるのかを考えつつ、活動していきたいと思っている。

### ◎自己否定感と、大人社会への不信感

『VOICES』の取材を通じ、女の子たちのリアルな声に耳を傾けるなかで、街にたむろする若者のなかには、居場所や行き場所がなく、頼れる保護者がいない実状があることを知った。幼いころから虐待などの不適切な関わりを受けていたり、親子関係の不調から「家にいたくてもいられない」という背景をもっていたりする。

保護者に〝いらない存在〟として扱われてきた心の傷は深く、表面上は屈託《くったく》なく笑顔で話していても、心のうちには「生まれてこなければよかった」「生きていても仕方がない」という気持ちがあふれている。

同時に、家庭環境を要因とした別の生きづらさも抱えている。親自身が、生活苦や社会からの孤立などの問題を抱えてきたため、親をモデルとする対人関係のとり方や社会性を身につけることができずにきた。年齢相応の社会経験も積んできていない。

また、安全とはいえない環境で生き抜くことに必死だったため、学習やその他の能力

を伸ばすことができず、劣等感から周囲に心を開けないこともある。そのため学校でいじめの対象になったりして、家でも学校でも居場所が見つからなかった……という話もよく耳にする。

なにより、そうした若者をいちばん生きづらくさせているのは、〝つらい状況から救ってくれなかった社会や大人に対する不信感〟だろう。不信感をもつと、人に助けを求めることができなくなる。

何重にも重荷を背負った子どもたちが、十代で家を飛びだし、繁華街に出てきて出会うのは〝つながりを絶たれた子〟を利用しようとする大人たちだ。

もともと安心できない環境で育ってきたために、どんなに苛酷《かこく》な状況であっても、生きるために彼女たちは受けいれる。それ以外に方法も知らない。とくに、女の子はカラダを商品にすることで簡単に稼げてしまう現実がある。

彼女らの根っこには、「自分にはカラダを売るくらいしかできない」という、強い自己否定感がある。

援助交際をくり返す少女たちのなかには、「一瞬でも人の温もりを感じたい」という愛情飢餓《きが》からそうした行為に向かっている子もいる。そのような女の子たちには、望まない妊娠の危険がつねにあり、生活の困窮《こんきゅう》や知識の不足などから、だれにも相談できずに出産を迎えてしまうことも少なくない。周囲からの誤った情報を鵜呑《うの》みにしてしまい、必要な対応ができず、手遅れになることもある。

## ◎行政がとりこぼす母たちを支えたい

アイのように検診を受けないまま駆け込みで出産したり、最悪の場合は、以前渋谷で起きた事件のように、ネットカフェで出産した赤ちゃんを置き去りにして死亡させてしまうケースだって現実にはある。子どもの父親は不明か、わかっていても婚姻や認知をされないことが多く、出産後は、彼女たちに育児の負担のすべてがかかってしまう。

検診を受けずに出産することがどれだけ母子にとって危険であるかなど、自分と子どもの身を守る重要性を伝えていくことはもちろん必要だ。

しかし、「自分は生きていてもよいのか」という根本的な自己肯定感をもてない彼女らに対して、指導だけではそれを伝えきれない限界がある。

母子生活支援施設などの行政支援もあるが、既存の制度からはこぼれてしまう現実も多くみられる。行政への相談は敷居が高いと感じる彼女たちは、制度自体を知らなかったり、たとえ制度につながったとしても、利用できないという壁に突き当たる。じっさいに、アイを行政の支援に結びつけようとしたが、彼女がそれを拒否した。

そこには、彼女たちが自分の意志で選択したというよりも、そうせざるをえなかった理由があるのだ。彼女たちは、ずっと保護者の都合で虐《しいた》げられ、振りまわされてきて、そこから逃れるために自分の心身を削り、必死に〝自由〟を手に入れてきた。なのに、また施設などのルールの枠にはまることは、過去に逆戻りするのと同様に感じられるのではないか。

必要なときに求めても拒否されつづけ、助けを得ることができなかったため、自分の力でその場その場をなんとか乗りきってくるしかなかった彼女たち。幼児のころから安心できない環境にいたので、外見は成長していても、内面の成長は幼児のままストップしているのかもしれない。我慢する状況は、たんに自分が抑えつけられることのように感じて、刹那《せつな》的な感情で行動してしまう。

せっかく支援があっても、必要条件が多ければ、そこからさえももれていく。母自身が支援の必要性を理解し、自分から求める場合は行政でも対応できるが、そうではない母を支援に結びつけることは、行政では困難だ。そうなると、祖父母や親類の援助を受けられない彼女らは、いままでの方法で稼ぎながら子どもを養育するしかない。二十四時間保育や、同じように不安定な状態にいる人の手を借りるという、母子ともにひじょうに危うい状況におかれてしまう。

### ◎子どもを保護するだけでは解決にならない

さらに、養育困難な状況にあるからといって、母子を分離し、子どもを保護するだけでは、根本的な問題解決にはならないのだと思う。もともとそうした母は、根強い無力感を抱えているため、子どもとの分離後はよりいっそうその傾向を強め、生活をよい状況に変えていく方向には向かわず、同様の状態で第二子、第三子を産んでいくこともめずらしくない。

母が、自分で養育するのは困難だと思えば、子どもを〝特別養子縁組〟（戸籍上の親子関係を消滅させる。〝普通養子縁組〟では戸籍上の親子関係は残る）にだしたり、里親という家庭的な環境に委ねたりする選択もある。だが、これまでの人生のなかで愛された実感をもてなかった母親にとって、自分のお腹から生まれ、無条件に自分を求めてくれた子どもは生きる希望なので、「いつかはいっしょに生活したい」という望みをもち、ほかの家庭に預けることに同意をしない。すると子どもは養護施設で生活していくことになる。

けれど現実には、母が就労や生活、精神的な安定を図り、再び子どもといっしょに生活できるようになることはまれだ。母ひとりの力では、どうすることもできないのだ。年月が経つほど母が生き方を変えるのは困難になり、また乳幼児期に子どもと別れて生活した場合、その後いっしょに暮らすようになっても、母子の愛着関係をとり戻すためにかなりの時間を要してしまう。

そうした展開を迎えるまえに、行政や他機関の支援にのれない若い母を、一人でも多く支援したい、というのが私たちの願いである。

若い母が、カラダを商品にしなくても稼ぐ手段があることを実感できること。人との信頼関係を結び、必要なときに助けを求められるようになること。子育て経験者などの協力を得て、子どもとの愛情関係をつくっていけるようになることを、私たちの活動の目的としたい。

人から大切にされることでしか、自尊心は育たない。自尊心がなければ、自分の人生や運命を、自身が引き受けていくことはできないのだから。

母親が、安心して寝て、食べられて、働けること。規則でなく、ゆるやかな約束事のなかで、母が失敗をとおして学んでいけるように、支援していきたいと考えている。

## 《bondプロジェクト、@cafeMELTへ》

### ▼いつでも、つながれるように

声を聞いて、文章で伝える——私がやっていることは〝取材〟ということになるわけだけれど、私にとってのその行為は、書くという目的に付随《ふずい》しておこなっているものではなく、それ自体が大事な目的だ。

それは、相手と私が出会って、心と心がふれあう行為。ときには相手にきつい言葉を投げつけて驚かせてしまうこともあるけれど、そのとき感じたことを本気でぶつけて、話をしたいと、私は思っている。

だから、きっと私は聞いているだけじゃない。私自身のことを知ってもらいたいと思っているから、こちらから話だってする。

目を見て、表情を、息づかいを感じながら……、本気で。

そうやって、自分がなにかを感じて気になった子に声をかけて、話をすると、そこから物語が始まることもある。私というフィルターをとおして、かたちにして伝えることが、〝あなた〟という存在の証となることもある。

だが、続けていくうちに、それだけでは済まされない現状もあることを知っていった。聞いて伝えるだけでは間に合わない、見過ごせない、少女たちの現実があった。

私たちは、いつも同じ目線で、変わらない気持ちで彼女たちと向きあっていたかった。けれど、彼女たちを知れば知るほど、相手に変わること、成長することを求めてしまう自分にも気づいてしまった。

相手になにかを求めるのをやめて、「そのままのキミでいいよ」って言いたくて、でもそのためには、ともに過ごせる時間と場所が必要だった。

いつでも、つながれる場所。いつまでも……ではない。私たちは通過点でいいと思っているから、出会って、つながって、話し合って、時にぶつかりあって、許しあったりすることができる、そんなおたがいのための場所が欲しかった。

出会いによって、人生の進行方向がすっかり変わることだってあるように、ひょっとしたら、会う回数を重ねることで、自分自身を知り、自分の存在の意味を求めていくことができるようになるかもしれない。そうすれば、その子にとってこれ以上、不幸にならない選択をできるようになるかもしれない。

ある女の子からこんなことを言われた。

「ウチ、つながりを一つひとつ切っていったらなんの迷いもなく死ねるのかなって思ってた。でも、今日ジュンさんのことを思いだしたら、またメールしちゃった。ごめんなさい」

私とその子をつないでいるのは、細い細い糸かもしれない。

でも、それでもいい、生きてさえいてくれたら。死にたいと思ったときに、私の顔、ケンの顔を思い浮かべて、立ちどまってくれればいい。

その子と私たちをつないでいる糸は、まだ細い糸だけど、会うたびにその糸が一本ずつ増えていって何重にもなって、ちょっとやそっとのことじゃ、プツリと切れないような関係にしていけるようにと、願っている。

### ▼なくした自分を取り戻せる場所

そんな私たちの想いを実現するために生まれたのが、NPO法人bondプロジェクトであり、インターネットcafe MELT《メルト》である。

bondプロジェクト（以下、略して「bond」）は、私たちの想いに賛同してくれた支援者の方たちの協力で、二〇〇九年十二月十六日に誕生した。私や夫のケンだけでは実現しきれずにきたことを、組織として実現していこうという試みだ。

組織の活動目的は、居場所のない子どもたちが、社会につながり自立できるようになるための、お手伝いをすること。具体的には、これまでも取材でおこなってきたような〝夜の声かけ〟や『VOICES』の発行、講演やイベントの開催などに加え、自分を表現できる居場所をつくることなどが、bondの活動内容だ。

そして二〇一〇年三月三日、渋谷区道玄坂に生まれたインターネットcafe MELT（以下、略して「MELT」）。ここは、bondの趣旨を実践する場所、すなわち、みんなと私たちがいつでもつながれる〝居場所〟となることをめざしている。MELTという名前には、〝るつぼ〟とか〝交じりあう場〟という意味が込められている。bondのサロンも、現在このMELTの中にある。

MELTは、二十四時間営業のインターネットカフェだが、深夜十一時から朝七時までは女性専用としている。このようなインターネットカフェをつくろうと思ったのは、アイのような、人とも社会ともぶつ切りのような状態で生きる女の子たちとの出会いがあったからだ。

住むところも、定職もなく、不安定な暮らしを続ける彼女たちにとって、毎夜インターネットカフェで休む時間は、唯一くつろげる、すこしでもホッとしたいひとときだ。それなのに、盗難、のぞき、見知らぬ男性から買春の誘いなどがあって安らげないと、女の子から聞いたことがあった。

かといって、私たちが「なにかあったらうちに泊まりにおいでよ」と声をかけても、自宅だからと遠慮して、なかなか来られないみたいだ。

女の子たちがいつでも気軽に立ち寄れる、そして安心して過ごせる場所はなんだろう？　と考えて、支援者の方と相談をした。その結果、深夜十一時から七時までは女性専用の、インターネットカフェをつくろうということになった。

### ▼彼女たちこそ、しあわせになってもらいたい

先日、店頭でＭＥＬＴの宣伝フライヤーを配っていたら、以前声をかけたことのある女の子が男性と歩いているのに気がついた。彼女は歌舞伎町の街角に立ち、援助交際をしながら生きている女の子で、以前からときどき話を聞かせてもらっていた。

私に気がついたのか、顔を隠して、そそくさと通りすぎようとしていたが、私は彼女にずっと会いたいと思っていたので、声をかけた。このときを逃したら、二度と会えないかもしれない女の子だから。

「お客さんといるんだよ」って、彼女が小さな小さな声で言った。

「遊びにおいで。十一時以降は女性専用だから待ってるよ」

と、私がフライヤーとひなあられを渡すと、「わかったよ」と苦笑いして、男性と去っていってしまった。

あるお客さんが、私にこんなことを言った。

「この辺りにいるのはいかがわしいことをやっている女たちばかりだから、たいへんだね、そんな女たちが来たら」

「いかがわしいって、どんなことしてる女の子のことですか？」と聞くと、「風俗で働く女たちだよ」と、その人は答えた。

ここは、そんな女の子たちにも安心して来てもらえる場所であってほしいと、私は思っている。

彼女たちが風俗という仕事を選ぶ理由はさまざまで、「やりたくてやっている」という女の子は正直、少ないような気がする。そんな生き方しかできない女の子たちのことを知ろうともしないで、「いかがわしい」としか表現できない人を、私は悲しく思う。

風俗で働いた経験のある女の子は、こんなふうに話してくれた。

「立ちどまったらダメだと思った。そしたら働けなくなるって思ったから毎日、一生懸命働いた。そしたら私自身の仮面が厚くなりすぎて、つくりすぎちゃって、どれがほんとうの自分か、なにがほんとうの自分か、わからなくなってしまった。どれがほんとうの自分かわからないから、怖い」

そんな女の子たちが、立ちどまれる場所があったなら。仮面をとった素顔の自分と向きあって、ありのままの自分で過ごせる場所が、人との出会いがあったなら……。

その女の子は、続けてこう語った。

「ほんとうに苦しいとき、悲しいとき、つらいとき、死にたくなるとき、そんなときって人には話せなくて、『ねぇ、ねぇ、聞いてよ』ってこの一言がいえない。だれかに話したくて、聞いてもらいたくて、私の存在をわかってもらいたくて、認めてもらいたくて、しょうがないのに……」

彼女たちの言葉を、行動を、受けいれることや理解することは難しいかもしれない。「自己責任でしょ、やりたくてやったんでしょ」と突き放すほうが簡単かもしれない。

でも、私は思う。

やはり彼女たちこそ、しあわせになってもらいたいって……。

渋谷区道玄坂に誕生したインターネットｃａｆｅ ＭＥＬＴが、なくした自分を取り戻せる〝とまり木〟のような場所となることを願って、ここにやってくる人を笑顔で迎えたい。

　価値観や考え方、さまざまな物語をもつ人と人とが出会い、交じりあって、その人を知ることで喜びや悲しみや痛みを共有できる、そんな場になるように、二十四時間、明かりを灯しつづけていきたい。

# あとがきにかえて　――支えてくれる仲間たち

何度もくり返すけれど、私は、自分が知りたくて、聞きたくて、伝えたくて、『VOICES』を始めた。悩んで困っている人を私なら救える、助けられるはずだと思って、この活動を始めたわけではない。

でも、私がしばし立ちどまり、となりで話を聞いて、受けとめることで、目の前のその人がほんのちょっとでもラクになってくれたらいいなって思う自分も、確かにいる。勇気づけたいと思って、なんとかできないかなって考えちゃう、お節介な自分がいつもいて、感じる矛盾。

「私に一体、なにができるっていうんだよ？」って、情けなくなって、逃げだしたくなる自分といつも向きあっている。

今日の予定も思いだせないくらい、いっぱいいっぱいの私なのに、いま死にたくて、生きる希望を見いだせなくて、心のなかで涙と血を流している彼女たちと、向きあうことなんてできるのかよ……って、自分がいちばん思っている。頼りない私でごめんねって、心のなかでくり返す。

そんな私がこの活動を続けてこられたのは、「橘さんと、ジュンさんと出会えてよかった」と、出会った子がエールを送ってくれるから。自分のことよりも人のことを大事に思える優しい彼女たちに、支えられてきたから、いままで頑張ってこられたんだ。

**《なっちゃん》**

頑張りすぎちゃうのがちょっぴり心配だけど、好奇心旺盛《おうせい》で、笑顔が可愛くて頼れる竹下奈都子＝なっちゃん。二〇〇九年の五月、私たちの活動を紹介したテレビ番組を観たなっちゃんが、メールで連絡をくれたのが出会いのきっかけだった。

「文章や写真が好きで、昔から自分の想いを書いて表現してきました。いろんな人がいて、いろんな気持ちがあるということを知ってほしくて、伝えたいと思ってたから。まわりの理解が必要だと思ったから。それで橘さんの活動に共感したんです。

橘さんとはメールしてすぐに会うことになったんですけど、なんとなく全部話しちゃう、という感じでした。ありのままの気持ち、ありのままの私を受けとめてくれた」

いま、二十二歳のなっちゃんは、ｂｏｎｄやＭＥＬＴのスタッフとして、私やケンをサポートしてくれている。なっちゃんが私たちの活動に関わってくれるようになったのは、二〇〇九年の秋からだ。

そのころ私たちは、ｂｏｎｄの立ちあげにあたって、これまで関わってきた女の子たちのうち十人ほどと、高尾山で一泊二日の合宿をした。

集まってくれた子たちは、私やケンの言葉を真剣に聞いてくれたし、ｂｏｎｄの活動に「協力したい」とも言ってくれた。だが、その場で、協力態勢をどうしていくかの共通イメージをつくりあげることができなかった。やりたいことや、想いを伝えることしかできなくて、彼女たちに「なにをしてほしいか、いつから、どこで、どんなふうに協力してほしいか」ということを、具体的に提示できなかったのだ。

合宿所にはシラけた空気が流れ、女の子たちは口々に「やることが決まったら連絡ください」と言って、別れることになった。私たちの準備不足だった。どうして事前にもっと案をつめなかったのかと悔やみ、合宿の翌日、私とケンは大ゲンカをしていた。

そこに、なっちゃんから電話がかかってきて、「橘さんのアシストでも、秘書でも、なにか手伝いたい」と、言ってくれたのだ。

「すごく難航した話し合いだったけど、でも私なりの考え、自分の想いもすごくあったし、それと同時にジュンさんとケンさんの想いも、ものすごく伝わってきました。

ＮＰＯになるにあたって、いままでどおり〝声を聞いて伝えていく〟ということを続けながら、組織運営のすべてを管理するには、ジュンさんとケンさんだけでは無理だと思ったんです。もっと活動を広げるためにＮＰＯになるはずなのに、ＮＰＯにするために、いちばん大事な〝聞くこと〟〝寄り添うこと〟が薄れていってしまうのは、私は、絶対にイヤだと思った。それは、いままでどおり続けてもらわないと、って思って。だから、ほかにだれかが必要だと思って、『自分がやらなきゃ』『やりたい』って思って、すぐに伝えたんです」

なっちゃんが言うように、ＮＰＯを立ちあげるとき、こぼれそうになってしまったことが、いくつもあった。

たとえば、これまで私たちは、携帯につねに入ってくるメールや電話にそのつど対応して、必要があればすぐ会いにいったり、ときには数年にわたって経過を見守ったり……ということをしてきたが、こういうことをスタッフみんながすることはできない。

だから公式の窓口をつくって、対応時間や基準を決めて……と、体裁《ていさい》をつくることにみんなが躍起《やっき》になっているとき、なっちゃんは「なんのためにＮＰＯになるの？　できることを決めて、それしかやらないってなっちゃうの？」と、問いつづけてくれた。

「私も過去に生きづらさを抱えていたから。ほんとうにつらかったのに、なかなか理解もされなくて、そのうちだれにも言えなくなった。ほんとうの自分の気持ちは置いてきぼりで、必死に仮面をかぶってきたんですね。

　当時私が書いた言葉、『けっきょく傷つくのは自分だった／なぐさめるのも自分だった／手を差しのべたのも自分だった』。昔から友達に囲まれて、信頼できる友人もいた。なのに自分がこんなに孤独に感じていたってこと、読み返して、自分でも衝撃でした。

　そう考えたときに、やっぱりそれだけ大人を必要としていたんだなって思ったんです。大人に気づいてほしかった。認めてほしかった。聞いてほしかった。わかろうとしてほしかったんだなって……。

　そんな場所が、ここにはある。だから私はｂｏｎｄにいて、ここに来る子たちの、ありのままの気持ちを受けとめ、見つめたい。すこしでも楽になってほしい。その子が一瞬でも、心をここに置くことができればって思ってるんです」

《黒羽さん》

もう一人、大きな大きな存在、抱擁《ほうよう》力抜群の黒羽昭彦さん。黒羽さんは、二〇〇七年十一月、日テレ『NEWSリアルタイム』の特集枠で、私たちの活動を初めてテレビで紹介してくれた制作ディレクターだった。

取材する立場だった黒羽さんは、放映が終わってからも私たちやまわりの女の子たちを気にかけて、頻繁《ひんぱん》に自宅を訪ねてくれて、いつのまにか『VOICES』の黒羽さんになり、現在はMELTとbondにとっても、また生活のすれちがいがちな私たち夫婦にとっても、よきパイプ役になってくれている。

「夫婦の地道な活動を見てきて、たんに取材で聞きとった声を発信するにとどめておいてよいのか？　と疑問を感じるようになってね。街で出会った子、メールを送ってくる子、電話をかけてくる子……、生きづらさを抱えて、声を届けてくれる若者たちに、なにか具体的なかたちで応えなければと感じている二人の様子を、間近で見ていたから。

二人の想いは、やがてMELTの構想へと結実していって、『VOICES』の取材を通じて受けた声、そして投げかけた想いに応えるように賛同者が集まって、出資者も現れ、いまのかたちに築きあげられていった。『VOICES』でいったんかたちにしても、そこでは終わらないことが多く、さらに会う機会を増やし、相手の変化を見届けたいという想いが、彼女たちの大きな原動力になっているように感じます。

いま、自分もこの活動に参加しているのは、橘さんが十代のころに出会えた大人のように、自分も人の話を聞くことができ、そのこと自体が話す者の力になれるような大人でありたいと、願っているからかもしれない」

## 《五島さんと渡邊さん》

さらに、『VOICES』を自費で出版している私たちを支援しつづけ、私たちの届ける声を真摯《しんし》に受けとめ、漂流する少女たちのためになにが必要かをいっしょに考えてくれて、想いをかたちにしてくれた方たちがいる。

渋谷で会社を経営している五島《ごとう》祐さんと、新宿で会社を経営する渡邊《わたなべ》智恵子さん。

この二人に出会わなかったら、いまのような活動のかたちはなかったといっても過言じゃない。金銭的な理由ももちろんあるけれど、一匹狼のような生き方を好む私とケンが、組織をつくるなんていうことは、二人だけではけっして考えられなかったから。

五島さんは、黒羽さんがつくった番組で私たちを知って連絡をくれて、「なにか力になりたい」と、渡邊さんは講演先で出会い、「一人娘と同世代の子が傷ついているのを、見て見ぬふりはできない」と、活動を支えてきてくれた。

「少女たちが気軽に足を運べる場所を、慈善《じぜん》事業ではなく持続可能な経営を……」と、資金援助をしてくれて、インターネットｃａｆｅ ＭＥＬＴがオープンできたのだ。

『ＶＯＩＣＥＳ』は私とケン二人でつくっているように思われているが、この方たちがいなければ生まれていなかったし、いろいろな方の手にも届かなかったと思う。

**《中山さん》**

『ＶＯＩＣＥＳ』の創刊時から、私のつたない想いをかたちにしてくれてきた、デザイナーの中山正成さん。中山さんのデザインは、読む人によっては人の弱さや欠点に感じるかもしれない内容を、優しく、ときに強く見せてくれる。中山さんのデザインじゃなかったら、私が『ＶＯＩＣＥＳ』を見せて路上で若い子たちに声をかけても、完全に無視されて取材は成り立たなかっただろう。

ほんとうに毎号、カッコよくしてくれて、感激している。

## 《端さん、白石さん》

講演先で出会い、「自分がしたくてもできない活動を続けている橘さんとケンさんの力になれたら……」と、男気で『VOICES』を無料で印刷してくれている、ハタ技術研究社の社長、端晶弘さん。そして『VOICES』創刊時から、友人としてもライターとしても私の闇をそっと照らしてくれる白石智子さんにも、感謝を捧げたい。

## 《ケン》

『VOICES』のカメラマンであり、旦那であり、公私ともにパートナーのケン。出会ったのは、私が二十五歳のとき。それ以来ケンは、傷ついた女の子たちから話を聞く私の取材につき合って、写真を撮ってくれてきた。

「本人にいちばん喜んでもらえる写真を撮りたい」というのが口癖で、ケンがシャッターを切るたび、女の子がキレイになっていくのを見て驚いたのを、昨日のことのように覚えている。ケンもずっと、十代・二十代の若い子たちを撮りつづけてきた。

ケンはシャッターを静かに押すたび、「君はここにいるよ、君は君のままでいいよ」って、その人の存在を肯定していく。ケンの撮影って、セラピーのようなものなのかも……と、思う。

女の子へカメラを向けた瞬間、緊張を溶かして、その子が本来もつ輝きを映しだす、ケンの優しさがにじみ出た写真が大好きだし、そんな彼を、私はとても尊敬している。

**《あかり》**

最後は一人娘のあかり。

あんたの寝顔に何度、話しかけただろう。ごめんね、ありがとうって。

私が手にした喜びの裏では、幼い娘が寂しいと泣いている日もあると知りながらも続けてきたのだから、私には責任がある。

どんなにつらくても、泣いたあとには笑っている私を見せなきゃね。いつもどんなときも応援してくれた、あんただもん。ときどきは母親としてカッコつけないとね。

かけがえのない一人ひとりに伝えたい。

あなたと出会えて、よかった。心からありがとうって。

bond
*Project*

## NPO 法人 bond Project

『VOICES』の発行をつうじて、声を伝えていくだけでは済まされない現状を知り、
さらに繋げていくためのNPOを設立しました。

3つの活動を柱としています。

### 《聴く》

夜の声かけ、電話、メール、サロンなどで子どもたちの声を聴く。

### 《伝える》

『VOICES』の発行、講演、啓発イベント、事例研修会の開催。

### 《繋げる》

就労体験・子どもたち主催のイベントなどで、社会と繋がるきっかけをつくる。

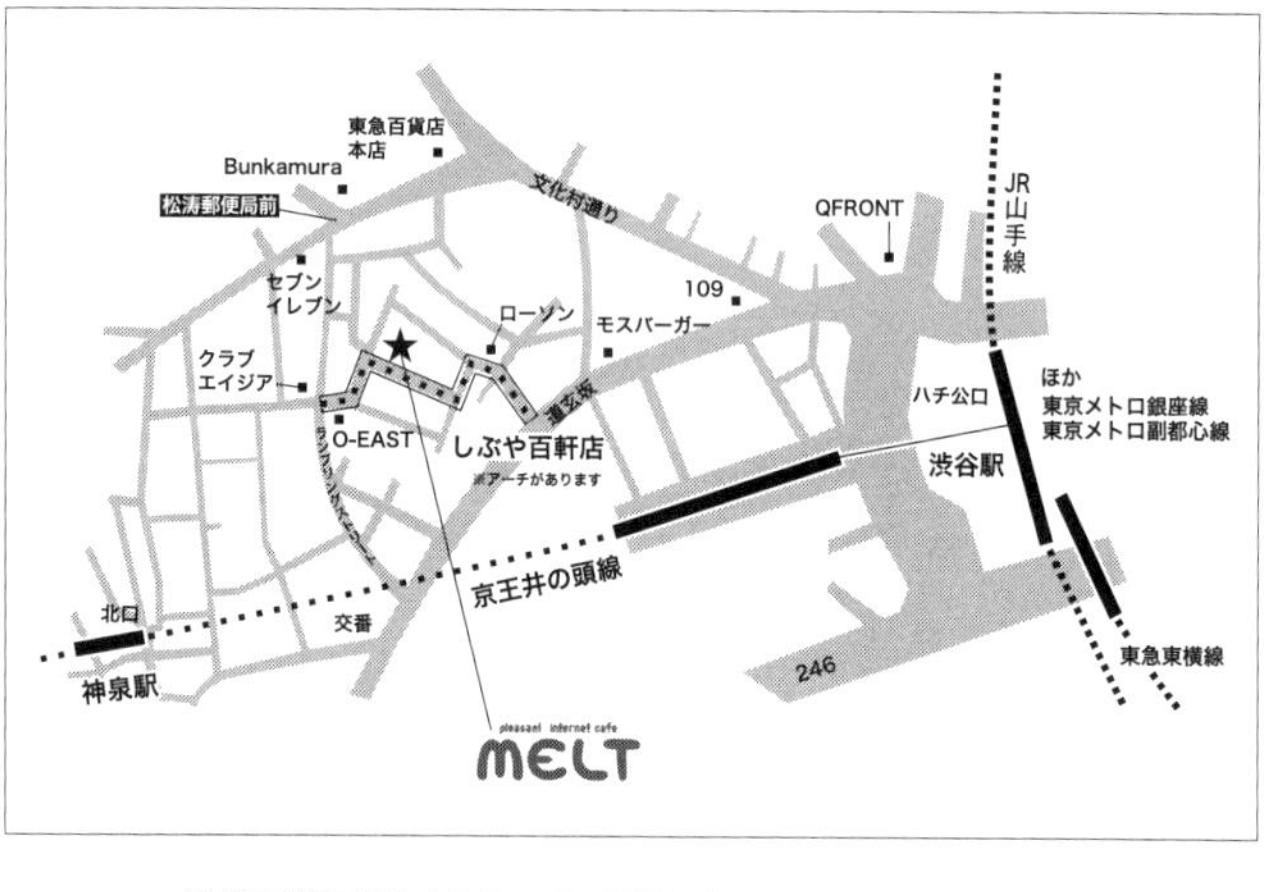



渋谷区道玄坂 2-19-6 cafe MELT内　Tel. 03-3464-3345
メール　hear@bondproject.jp ／ 公式サイト　http://bondproject.jp/

橘　ジュン（たちばな・じゅん）

ライター。『VOICESマガジン』編集長。一九七一年、千葉県生まれ。十代の終わり、暴走族《レディス》のリーダーとして取材を受けたことをきっかけに、ビデオ・レポーターやルポ執筆の活動を始める。二〇〇六年に街頭から声を伝えるフリーペーパー『VOICES』を創刊。これまで少女たちを中心に三千人以上の声を聞き、伝えつづけてきた。

『スーパーJチャンネル』『NONFIX』などテレビでの活動紹介多数。メールやウェブサイトにも少女たちからの声・相談が多数寄せられている。

二〇〇九年、NPO法人bondプロジェクトを設立。翌年三月に渋谷でオープンした女性向けネットカフェMELTを拠点に「聴く・伝える・繋げる」の活動をさらに広げている。

VOICES ボイス

---

漂流少女《ひょうりゅうしょうじょ》　夜《よる》の街《まち》に居場所《いばしょ》を求《もと》めて

二〇一〇年七月二十日　初版印刷
二〇一〇年七月三十日　初版発行

著　者　橘ジュン
写　真　KEN
装　丁　中山正成

編集協力　大塚玲子（OH事務所）

発行所　株式会社太郎次郎社エディタス
東京都文京区本郷四—三—四—三階
郵便番号　一一三—〇〇三三
電　話　〇三—三八一五—〇六〇五
Eメール　tarojiro@tarojiro.co.jp

印刷・製本　厚徳社
定　価　カバーに表示してあります

＊本文に登場する少女たちは、すべて仮名です。また、地名などを一部変更しています。本書で使用している写真は、著者の橘ジュン本人をのぞき、登場する人物とは関係ありません。

ISBN978-4-8118-0739-3 C0095